PRÓLOGO

Con la serie «Leer es fiesta» la editorial «Edelsa» pretende familiarizar a los alumnos que estudien bachillerato o su equivalente, y a las personas que quieran profundizar sus conocimientos de español, con textos literarios originales, autónomos, sin retoque, de grandes autores españoles y latinoamericanos.

Se basa en la convicción de que la literatura —el mejor modelo del idioma— es un indispensable complemento a los libros, absolutamente imprescindibles, que se escriben soslayando dificultades para los principiantes. Intentamos dar, pensando en vuestro nivel de conocimientos, una idea de las posibilidades expresivas del *español de verdad*. Queremos introduciros en el mundo de la literatura y en la fiesta del leer por medio de textos escritos para nativos.

En este volumen, «¡A escena!», os presentamos diálogos sin retoques de autores españoles y latinoamericanos, destellos de esa actividad comunicativa por excelencia que son las conversaciones vivas.

Empezamos con unas anécdotas que pueden cumplir la misma función que el calentamiento de los deportistas —facilitar la rápida entrada en juego o la obtención de una mejor marca— y luego unas escenas de carácter surrealista.

Pasamos luego a una sección de poemas dialogados y, a continuación, a unas breves escenas, más o menos absurdas que cierra una mini-pieza del gran humorista Mihura.

Incluimos después unas entrevistas, una española, hecha por Camilo José Cela a un conocido escritor, y dos latinoamericanas, presentada una de ellas en forma de monólogo.

Llegamos a una sección de cuentos en los que el diálogo es el motor de la narración, es decir, en los que lo que pasa es lo que se habla. Incluimos a continuación unos diálogos de novela.

Y terminamos con tres breves obras teatrales íntegras que se prestan a una modesta representación o una lectura teatralizada en clase, y un epílogo autobiográfico.

Las pistas de explotación pedagógica se orientan a la activación del alumno, bien sea animándole a la creación de nuevos diálogos o a la producción oral, que puede ir desde la memorización de poemas hasta la interpretación de las piezas. Porque no nos cabe duda de que la memorización de frases favorece la fluidez en la producción oral y, por tanto, en la conversación.

Además, estos diálogos ofrecen modelos imitables por los alumnos, que disponen de una buena materia prima para su taller literario.

La gradación de dificultades de los textos se puede ver en el sumario. Hay señalados tres niveles, con las limitaciones que presenta este tipo de clasificación —mucho menos exacta que la de la liga de fútbol.

El buen juicio del profesor, junto con el conocimiento directo de la clase, será lo que mejor adecue los niveles y permitirá dar a cada alumno la tarea que pueda serle más interesante, individualizando de una manera sugerente la enseñanza del castellano y la literatura.

El hecho de que se hable español en más de veinte países produce variantes en su uso —variantes más usuales en el lenguaje popular que en el literario— lo que no impide la fácil comunicación de los ciudadanos de todo el continente. No obstante, señalamos en el vocabulario los americanismos.

Esperamos que el interés por saber qué pasa os haga leer atentamente el vocabulario y las notas, pero también que dejéis correr vuestra imaginación saltándoos las dificultades sintácticas para que gocéis —literal y literariamente— de la lectura de los textos y que viváis la fiesta del leer.

Este librito, como los otros de esta colección, además de proporcionaros una ampliación del vocabulario y del conocimiento de la sintaxis del castellano, os descubrirá rasgos interesantes del mundo hispánico.

A Pilar Jiménez, mi editora, entre la luz y el deslumbramiento, hada madrina de esta serie, mujer que con su inteligencia y dedicación es capaz de transformar en libro un montón de papeles irredentos, le doy las más efusivas gracias por todo lo que ha hecho durante la confección de este volumen.

ÍNDICE

Julio Alejandro nació en Cardús (Aragón, España) en 1906. Marino y escritor, tuvo que exiliarse al terminar la guerra civil en 1939. Vivió todo su exilio en México donde escribió varios guiones para el director Luis Buñuel. Ha escrito también poesía y piezas teatrales. Ahora vive en Madrid.

ESCENA DE HOY

I

El cuarto de una muchachita. Quince angelicales años. Entra la mamá.

MADRE: Hija, ¿tienes aspirinas?

HIJA: (*distraída*). Ahí, en el bolso.

La madre registra. Hay aspirinas. Pero también hay otra clase de pastillas.

MADRE: (*medio escandalizada*). ¡Pero hija!... ¿Ya?

II

El cuarto de la madre. (*Confiesa 50 años*). Entra la hija.

HIJA: ¿Tienes una aspirina, mamá?

MADRE: Ahí, en mi bolso.

La hija busca. Encuentra unas pastillas, pero no son aspirinas.

HIJA: (*en tono de descarada y juvenil burla*). ¡Pero mamá!... ¿Todavía?

En torno al texto

— Inventa un diálogo semejante en el que la primera escena acabe con un ¿todavía? y la segunda con un ¿ya? (Puedes utilizar tabaco, whisky, pastillas para adelgazar, etc. en lugar de la píldora —para hacer el diálogo, claro).

— Representad los nuevos diálogos.

7

Fernando G. Tola es realizador de radio y T.V., además de colaborador en prensa escrita.

CONDÚCELE A LA LOCURA

Lo que más irrita a un hombre al subir a un taxi es el siguiente diálogo:

— ¿Dónde vamos?
— Donde quieras.
— A la cama.
— No.
— Pues, tú dirás.
— No sé, donde quieras.
— ¿A cenar?
— No tengo hambre.
— Vamos a tomar una copa.
— No bebo.
— ¿A bailar?
— Es pronto.
— Bueno, y... ¿dónde te gustaría ir?
— Donde quieras.
— Podríamos ir a Casilda's Jazz.
— Jo, qué coñazo.
— ¿Y a un bingo?
— No seas hortera.
— Chica, no sé. Hace un poco de frío para las terrazas.
— Hace un frío que pela.
— Por eso. ¿Y si fuéramos al casino?
— Detesto el casino.
— ¿Bolos?

— No.

— ¿Patines?

— ¿No se te ocurre nada mejor?

— Podemos ir al cine.

— ¿Al cine?

— Hace mucho que no vamos al cine.

— No me apetece meterme ahora en el cine.

— Pues..., no sé. ¿Intentamos sacar entradas para el Real?

— No voy a ir en vaqueros.

— Entonces, ¿qué podemos hacer?

— Lo que quieras, amor. Yo voy encantada donde tú me digas.

— Vamos a la cama.

— Eso, ni muerta.

En torno al texto

— *Imagina algunas continuaciones a la escena.*

¿EN TAZA O EN VASO?

La escena se desarrolla en un bar.

PORTELA: ¿Hay café?
FERNÁNDEZ: No.
PORTELA: ¿Y té?
FERNÁNDEZ: No.
PORTELA: ¿Y café?
FERNÁNDEZ: No.
PORTELA: ¿Y té?
FERNÁNDEZ: Sí. ¿Te sirvo?
PORTELA: ¿Y mate, hay?
FERNÁNDEZ: No.
PORTELA: ¿Y café?
FERNÁNDEZ: Sí. ¿Te sirvo?
PORTELA: Sí, por favor.
(Fernández busca en la zona del mostrador.)
PORTELA: No le pongas azúcar.
FERNÁNDEZ: Vos sabés que no encuentro café. Creí que había, pero se ve que no hay.
PORTELA: ¿Y azúcar?
FERNÁNDEZ: Sí, claro.
PORTELA: Bueno, servime un poco.
FERNÁNDEZ: ¿En taza o en vaso?
PORTELA: Ah, como quieras. Lo que importa es que esté bien caliente. ¿Me permitís hacer una llamada?
FERNÁNDEZ: Sí, cómo no.

PORTELA: Gracias. ¿En qué me vas a servir? ¿En taza o en vaso?

FERNÁNDEZ: En taza.

PORTELA: ¿Por qué?

FERNÁNDEZ: ¿No me dijiste que te daba lo mismo?

PORTELA: Sí, me da lo mismo, pero yo quería saber por qué vos elegiste la taza.

FERNÁNDEZ: Todavía no elegí. La pienso elegir.

PORTELA: Disculpame, ¿me permitís hacer una llamada?

FERNÁNDEZ: Sí, claro.

PORTELA: Bueno, en qué me vas a servir, ¿en taza o en vaso?

FERNÁNDEZ: En taza, ya te dije.

PORTELA: Perdona. Yo sólo quería estar seguro.

FERNÁNDEZ: Te estás preocupando demasiado por algo que en un principio dijiste que te era indiferente.

PORTELA: Me da lo mismo, pero creo que el régimen político en que vivimos me habilita el derecho a saber si voy a tomar en taza o en vaso.

FERNÁNDEZ: Bueno, yo no era consciente de la importancia política del asunto, pero siendo así te voy a contestar: en taza.

PORTELA: ¿Por qué?

FERNÁNDEZ: ¿Si te hubiera dicho «en vaso» me habrías hecho la misma pregunta?

PORTELA: Sí, pero referida a otra cosa completamente diferente.

FERNÁNDEZ: ¿Qué cosa?

En torno al texto

— *Vuelve a escribir el diálogo sustituyendo los americanismos en las formas verbales por las utilizadas en España.*

Dalmiro Sáenz, escritor argentino, autor de numerosos cuentos infantiles, es también escritor de novela y teatro.

UNA SECRETARIA MUY PARTICULAR

La escena se desarrolla en casa de la secretaria de Felipe.

FELIPE: Una vez llegué de París y fui a su casa sin avisar, entré despacito para darle una sorpresa y le tapé los ojos mientras le decía:

Le tapa los ojos a la secretaria y le dice:

FELIPE: ¿Adivina quién soy?

LULÚ: Pedro.

FELIPE: Frío, frío.

LULÚ: Eduardo.

FELIPE: Frío, frío.

LULÚ: Joaquín.

FELIPE: Frío, frío.

LULÚ: Carlos.

FELIPE: *(Celoso.)* ¿Qué Carlos?

LULÚ: ¿Qué sé yo qué Carlos?, el del pijama celeste.

FELIPE: *(Aliviado.)* Ah... Bueno, te das por vencida, perdiste, ¿eh? *(Y abre los brazos y le dice:)* Soy yo.

LULÚ: *(Indiferente.)* Ah, vos, ¿qué me trajiste?

FELIPE: ¿Cómo qué me trajiste? Te traje mi amor, vengo de París.

LULÚ: Y de París, ¿qué me trajiste?

FELIPE: Compré un mate y dos discos de Gardel, pero me los sacaron en la aduana. Fue una lástima porque me salieron bastante caros. ¡Son de brutos estos franceses!, les llevé de

Buenos Aires una partida de perfume francés pensando si ellos los fabrican, será porque les gusta y me querían pagar menos de lo que me costaron acá.

Mientras habla sale del cuarto un señor muy paquete. Felipe sigue hablando desconcertado y el hombre aclara:

SEÑOR: Soy el plomero.

FELIPE: *(Aliviado.)* Ah, ¿cuánto le debo?

SEÑOR: Mil pesos. Adiós, Lulú *(ya en la puerta)*, así da gusto.

LULÚ: Adiós, no te pierdas.

FELIPE: No tenés que tutear a los obreros, no hay que darles confianza y menos a éste, que es un carero. ¿Para qué lo llamaste?

LULÚ: Por las canillas.

FELIPE: ¿Qué tenían las canillas?

LULÚ: Una tenía escrito una C y la otra una F, lo llamé para que me las tradujera; yo no sé leer en canillas.

FELIPE: Pero tontita, la C significa caliente y la F fría.

LULÚ: Y bueno, uno no puede estar en todas.

En eso suena el teléfono y Lulú se precipita a atender pero Felipe, que está más cerca, atiende antes.

FELIPE: Hola... sí, ¿y qué sé yo?, pregunte a la Prefectura *(corta)*. Un idiota que quería saber si había moros en la costa *(señalando)* ¿y esa pulsera?

LULÚ: La encontré en la calle.

FELIPE: Mirá que tenés suerte. ¿Te acordás cuando encontraste el tapado de visón y otra vez encontraste un prendedor, te acordás? En cambio yo, la única vez que encontré algo fue ese calzoncillo que encontré en tu cuarto y me quedaba chico. Hablando de otra cosa, ¿vos me querés?

LULÚ: No.

FELIPE: Entonces te mato.

LULÚ: ¿Por qué no te matás vos?

FELIPE: Bueno.

Saca una botella del bolsillo y hace ademán de tomar.

LULÚ: ¿Qué es eso?

FELIPE: Veneno.

LULÚ: Mentira.

FELIPE: Sí, en serio, probá.

Le alcanza la botella, ella prueba y cae muerta sobre la silla. Felipe la mira y le dice:

FELIPE: ¿Viste?

Después saca un delantal negro y se lo pone mientras dice:

FELIPE: Qué Lulú ésta, ni siquiera se pone de luto cuando se muere ella.

En torno al texto

—¿Puedes imaginarte otro final a partir de la aparición del frasco de veneno?

Elsa Isabel Bornemann, argentina, profesora de la Universidad de Buenos Aires. Autora de libros para niños. Le han concedido numerosos premios a su obra y está considerada como una de las mejores autoras de cuentos para niños en castellano.

EL PREGUNTÓN

Abuela... ¿cómo nací?
— Una cigüeña te trajo aquí.
(— Pero yo, yo no me explico
cómo no se rompió el pico...)

— Abuela... ¿y mi hermanita
por qué ha nacido tan chiquitita?

— Pues ella... tu madre vio
que de un repollo salió.

— ¿Repollo y cigüeña, abuela?
(Mejor pregunto en la escuela:
¿Entonces, para qué está
el papá con la mamá?)

En torno al texto

—*Responde, como si fueses la abuela, a la última pregunta que se hace el niño «para sus adentros». Si puedes, con otros dos versos rimados.*

Ramón de Campoamor nació en Navia (Asturias, España) en 1817 y murió en Madrid en 1901. Escribió teatro, prosa y ensayos políticos, pero fue su obra "Pequeños poemas" la que lo convirtió en un escritor conocido.

¡QUIÉN SUPIERA ESCRIBIR!

I

— Escribidme una carta, señor cura.
— Ya sé para quién es.
— ¿Sabéis quién es, porque una noche oscura
nos visteis juntos?
— Pues.
— Perdonad, mas...
— No extraño ese tropiezo. La noche... la ocasión...
Dadme pluma y papel. Gracias. Empiezo:
Mi querido Ramón:
— ¿Querido?... Pero, en fin, ya lo habéis puesto...
— Si no queréis...
— ¡Sí, sí!
¡Qué triste estoy! ¿No es eso?
— Por supuesto.
— *¡Qué triste estoy sin ti!*
Una congoja, al empezar, me viene...
— ¿Cómo sabéis mi mal?...
— Para un viejo, una niña siempre tiene
el pecho de cristal.
— *¿Qué es sin ti el mundo? Un valle de amargura.*
¿Y contigo? Un edén.

16

— Haced la letra clara, señor cura
que lo entienda eso bien.
— *El beso aquel que de marchar a punto*
te di... —¿Cómo sabéis?...
— Cuando se va y se viene y se está junto,
siempre... no os afrentéis.

Y si volver tu afecto no procura,
tanto me harás sufrir...

— ¿Sufrir y nada más? No, señor cura,
¡que me voy a morir!
— ¿Morir? ¿Sabéis que es ofender al cielo?...
— Pues sí, señor; ¡morir!
— Yo no pongo *morir*. —¡Qué hombre de hielo!
¡Quién supiera escribir!

II

— ¡Señor rector, señor rector! En vano
me queréis complacer,
si no encarnan los signos de la mano
todo el ser de mi ser.

Escribidle, por Dios, que el alma mía
ya en mí no quiere estar;
que la pena no me ahoga cada día...
porque puedo llorar.

Que mis labios, las rosas de su aliento,
no se saben abrir;
que olvidan de la risa el movimiento
a fuerza de sentir.

Que mis ojos, que él tiene tan bellos,
cargados con mi afán,
como no tienen quien se mire en ellos
cerrados siempre están.

Que es, de cuantos tormentos he sufrido,
la ausencia el más atroz;
que es un perpetuo sueño de mi oído
el eco de su voz...;
que siendo por su causa el alma mía
¡goza tanto en sufrir!...
Dios mío, ¡cuántas cosas le diría
si supiera escribir!...

III

— Pues, señor, ¡bravo amor! Copio y concluyo:
A don Ramón... En fin,
que es inútil saber para esto arguyo
ni el griego ni el latín.

En torno al texto

— *Representad la primera escena o recitad de memoria la segunda.*
— *Antes, cuando había muchos analfabetos, había también personas que les escribían sus cartas al dictado.*
Dicta una carta de amor —imaginaria, por supuesto— a un compañero.

Rafael Alberti nació en 1904 en el Puerto de Santa María (Andalucía, España) y es uno de los grandes poetas de la generación de 1927.
Alberti vivió exilado en Argentina y en Roma desde el final de la guerra civil española hasta la muerte de Franco, fecha en la que volvió a España, donde participó, y participa, activamente en la vida cultural y política del país.

EL ABURRIMIENTO

Me aburro.
Me aburro.
Me aburro.
¡Cómo en Roma me aburro!
Más que nunca me aburro.
Estoy muy aburrido.
¡Qué aburrido que estoy!
Quiero decir de todas las maneras
lo aburrido que estoy.
Todos ven en mi cara mi gran aburrimiento.
Innegable, señor.
Es indisimulable.
¿Está usted aburrido?
Me parece que está usted muy aburrido.
Dígame, ¿a dónde va tan aburrido?
¿Que usted va a las iglesias con ese aburrimiento?
No es posible, señor, que vaya a las iglesias con ese aburrimiento.
¿Que a los museos —dice— siendo tan aburrido?
¿Quién no siente en mi andar lo aburrido que estoy?
¡Qué aire de aburrimiento!
A la legua se ve su gran aburrimiento.
Mi gran aburrimiento.
Lo aburrido que estoy.
Y sin embargo... ¡Oooh!
He pisado una caca...

Acabo de pisar —¡Santo Dios!— una caca...
Dicen que trae suerte el pisar una caca...
Que trae mucha suerte el pisar una caca...
¿Suerte, señores, suerte?
¿La suerte... la... la suerte?
Estoy pegado al suelo.
No puedo caminar.
Ahora sí que ya nunca volveré a caminar.
Me aburro, ay, me aburro.
Más que nunca me aburro.
Muero de aburrimiento.
No hablo más...
                    Me morí.

PABLO ESTÁ PERO NO ESTÁ

PABLO, ¿qué haces? Pintas.
   Oyes el siglo. Pintas.
Pintas, dibujas, grabas, escribes, pintas, pintas.
Para ti son los días de cien horas.
Que no se atreva nadie a robar una.
Jacqueline, ponte alegre.
No funciona el teléfono. Se ha roto.
No responde Mougins.
En Nôtre Dame de Vie, por fin silencio.
Ah, si fuera verdad, qué maravilla
no tener que decir cada minuto:
Pablo no está de buen humor... Te manda
muchos abrazos... Llámanos el lunes.
Imposible... Imposible...
No quiere ver a nadie... Pero puede
que la semana próxima... No dejes
de llamar antes de la una... ¿El miércoles?
Sí, sí, pero ha tenido
que ir al dentista... El sábado
seguramente te verá... Perdona...
Pablo está trabajando más que nunca.
No quiere ver a nadie... Pinta, pinta...
No está de buen humor... 60 telas...
Tiene que ir al dentista... Está pintando...
Llama...
   Sí, llamaré, pero para pedirle
que siempre esté de mal humor, rogarle
que se pase la vida en el dentista,
que jamás vea a nadie, que lo deje

todo para la próxima semana,
aunque yo, como miles,
en Europa, en América, en Asia, en cualquier parte,
y en el mismo minuto, quiera verlo.

En torno al texto

— *Representad desde el momento en que comienza a hablar Jacqueline.*

— *Los artistas famosos tienen que elegir entre dedicar su tiempo a su obra o a sus amigos. ¿Qué opina el poeta?*

EL MATADOR

— Yo soy el matador.
— Yo soy el toro.
— Vengo a matarte.
— Inténtalo, si puedes.
— Me luciré contigo.
— Inténtalo, si puedes.
— Has sido noble en toda la corrida.
— Has toreado bien hasta ahora. Veremos...
— Serás mi gloria de esta tarde. Vamos.
— He dicho que «veremos».
— Oye el silencio de la plaza. Espera.
— Un silencio de muerte.
— Morirás entre palmas y pañuelos.
— ¿Sabes tú, matador, si eso me gusta?
— El toro muere peleando. Cuádrate.
— Y el matador, a veces.
— ¿Cómo dices?
— Que el matador, a veces, también muere.
— Silencio. ¡Vamos, toro! No me hables.
— El condenado a muerte puede hacerlo.
— La plaza se impacienta.
— Extiende el trapo.
— ¡Eh, toro! ¿Qué te pasa? ¿No me embistes?
— Con una condición: quiero música. Pídela.
— Ya comenzó. ¿No escuchas? ¡Pronto! Arráncate.
— ¿Qué es eso? No conozco.
— Un pasodoble. El mío.
— Tú eres mi matador. ¿Cómo te llamas?
— Antonio Lucas, «El Talabartero».
— Mi matador. Mi nombre es «Poca-pena».

— Ya lo sé. Pero ¡vamos! ¡Aquí, toro!

— Pienso una cosa, ¿sabes?

— Dila pronto. Ya el público protesta.

— Si te enfadas, me callo. No la digo.

— El público no aguarda. Grita, ruge.

— El público qué sabe. Si grita, no me muevo.

— Serás el deshonor de la corrida.

— No me importa. Me llamo «Poca-pena».

— Te echarán al corral por manso. Ya eres bruto.

— ¿Manso yo? ¿«Poca-pena»? Bien me has visto.

— ¡Hijo de mala madre! ¡Toma! ¡Embiste!

— ¿Una patada a mí? Verás ahora.

— ¡Toro cobarde! ¡Toro traicionero!

— Vas volando hasta el último tendido.

Ya no tienes muleta.

Ya no tienes espada.

Ya te tengo a mis pies, doblado, de rodillas.

¡Eh, matador, embiste! Eres el toro.

Hazlo alegre y con arte.

Como animal de casta y de los bravos.

¡Un nuevo pasodoble. Presidente!

Baja el testuz, no embistas a las nubes.

Pásame tus agujas a la altura

del corazón. Quiero ceñirme tanto,

que toro y matador parezcan uno.

— ¡Un momento, un momento, «Poca-pena».

— No hay momento. Perfílate.

Vas a morirte de mi misma muerte.

Vas a sentir tu espada hasta la empuñadura.

Vas a morder la arena sin puntilla.

No es lo mismo ser toro que torero.

¡Qué gran faena! ¡Olé, grita la plaza!

Vuelta al ruedo. ¡El delirio! ¡Las orejas,
las medias rosa, el corbatín granate
y las luces del traje, como premio!
Cascabeles de plata y banderines,
las mulillas te arrastran en redondo.
Tu desnudo de sangre va escribiendo
una rúbrica roja por la arena.
¡Más música, más música, más música!
¡Era el mejor torero que he matado!

Javier Tomeo nació en Quicena (Aragón, España) en 1932 y ha vivido una gran parte de su vida en Barcelona. Ha publicado numerosas novelas y algunos libros con textitos breves. De uno de ellos, «Historias mínimas», son los textos que publicamos.

MOLINOS O GIGANTES

Aldea y páramo. Sol de ocaso. PADRE e HIJO *están sentados en la linde del camino que conduce al cementerio. Sobre la tierra húmeda, los gusanos avanzan gracias a las contracciones de una capa muscular subcutánea.*

HIJO: Padre.

PADRE: Dime.

HIJO: *(Alargando el brazo y señalando el horizonte.)* Mira aquel molino.

PADRE: ¿Dónde ves tú un molino?

HIJO: Allí.

PADRE: Aquello no es un molino, hijo.

HIJO: ¿Qué es, entonces?

PADRE: Un gigante.

HIJO: ¿Un gigante?

PADRE: No hay duda. Fíjate bien. Ahora está quieto, oteando el paisaje. Pero dentro de un momento se pondrá a caminar y a cada zancada avanzará una legua.

HIJO: *(Tras un intervalo de silencio.)* Padre.

PADRE: Dime.

HIJO: *(Con voz compungida.)* Yo no veo que sea un gigante.

PADRE: Pues lo es.

HIJO: ¿Un gigante con puertas y ventanas? ¿Un gigante con tejas y aspas?

PADRE: Un gigante.

HIJO: *(Tras una pausa.)* Padre.

PADRE: Dime.

HIJO: Yo sólo veo un molino.

PADRE: ¿Cómo? ¿Un molino?

HIJO: Sí, un molino. El mismo de siempre.

PADRE: *(Con voz grave.)* Tomás.

HIJO: Qué.

PADRE: *(Volviendo lentamente la cabeza y mirando en derechura a los ojos del hijo.)* Me preocupas.

Silencio. PADRE *e* HIJO *permanecen inmóviles, sin cambiar ya más palabras. Llega por fin la noche y la luna se enciende.*

En torno al texto

— *¿Sabes qué personaje literario español combate con molinos creyéndolos gigantes?*

— *¿Por qué crees que dice el padre «me preocupas»?*

— *¿Podría ser la conversación de Don Quijote y su hijo? ¿Por qué?*

HOMBRE Y SOMBRA

Habitación *empapelada de gris.* HOMBRE *vestido de gris y, en el centro, sillón tapizado de rojo. En el escenario, por lo tanto, se distinguen tres colores bien diferenciados: el gris del* HOMBRE, *el rojo del sillón y el negro de la* SOMBRA, *proyectada sobre la pared. En un instante determinado, la* SOMBRA *del* HOMBRE *cobra vida propia. Se desliza por la pared y tose débilmente, como si quisiese demostrar a los espectadores que posee un aparato respiratorio propio, unos pulmones espectrales que nada tienen que ver con los que se dilatan y contraen en el pecho del* HOMBRE *de carne y hueso.*

SOMBRA: *(Señalándoselo.)* He ahí el sillón.

HOMBRE: Sí, ya lo veo.

SOMBRA: Un sillón magnífico.

HOMBRE: Sí, magnífico.

SOMBRA: Un sillón confortable.

HOMBRE: Sí, confortable.

SOMBRA: Un sillón para descansar.

HOMBRE: Sí, para descansar.

SOMBRA: Y para echarse una buena siesta.

HOMBRE: Es cierto. Parece hecho a propósito para echarse una buena siesta.

SOMBRA: Las siestas facilitan la digestión.

HOMBRE: Eso dicen.

SOMBRA: Pero, vamos a ver, ¿quién tiene tiempo de descansar? ¿Quién puede echarse una siesta? ¿Quién puede comer? ¿Tú?

HOMBRE: No, yo no.

SOMBRA: *(Volviendo a señalar al sillón.)* Pues entonces, préndele fuego, rájalo.

Pausa. El HOMBRE *saca una navaja del bolsillo y la hunde hasta el mango en el terciopelo rojo. Se oye como un fluir de sangre. Silencio. El* HOMBRE *vuelve la mirada hacia la puerta, que se ha entreabierto, y palidece mortalmente al encontrarse con la mirada inquisitiva de un policía.*

En torno al texto

— *Explica las últimas palabras de la sombra, la acción del hombre y la llegada de la policía.*

— *¿Te parecen buenos los motivos que da la sombra para destruir el sillón? ¿Por qué?*

DIRECTOR Y POETA

Despacho secreto, en el piso cincuenta y siete del rascacielos de mármol negro. El DIRECTOR y el POETA conversan frente al amplio ventanal abierto.

DIRECTOR: Olvídese de sus aprensiones, Edelmiro. Le aseguro que todo saldrá perfectamente.

POETA: ¿Usted cree?

DIRECTOR: Estoy convencido. Lo único que debe hacer es mover los brazos rápidamente, sin desfallecimientos.

POETA: Lo haré, lo haré.

DIRECTOR: Y no tenga miedo. Recuerde que la falta de confianza en nosotros mismos es, casi siempre, la única razón de nuestros fracasos. Usted mismo lo ha escrito mil veces en sus poesías.

POETA: Lo tendré en cuenta. Pero, dígame, ¿cómo debo mover los brazos? ¿De abajo hacia arriba? ¿De arriba hacia abajo? ¿Y a qué ritmo? ¿Con qué frecuencia?

DIRECTOR: Siga al pie de la letra las instrucciones que le di antes. No las interprete por su cuenta. Al principio, mueva los brazos lo más rápidamente que pueda. Luego, de forma gradual, vaya disminuyendo el ritmo de las brazadas. Llegará el momento en que podrá mantener los brazos inmóviles, con la palma de las manos extendidas y los dedos unidos. Entonces será incluso capaz de planear. ¿Ha visto usted cómo planean las cigüeñas?

POETA: *(Con expresión ensoñada, como si apenas pudiese ya recordar la última primavera vivida.)* Sí, alguna vez.

DIRECTOR: Usted podrá hacer lo mismo.
POETA: ¡Dios le oiga!
DIRECTOR: ¡Adelante pues! ¡No lo piense más! ¡Ese cielo azul le está esperando!

Pausa. El POETA sube al alféizar de la ventana, se santigua apresuradamente, cierra los ojos y se lanza al vacío. Durante los primeros instantes, nadie puede prever lo que va a ocurrir. Al cabo de un momento, sin embargo, el POETA supera su inicial desarmonía de movimientos y empieza a volar majestuosamente por encima de los tejados de la ciudad.

DIRECTOR: *(Atónito, desde el alféizar de la ventana.)* ¡Oh, Dios mío! ¡Ese cretino vuela!

Se dirige apresuradamente hacia el teléfono y marca un número.

VOZ: ¿Qué hay?
DIRECTOR: Ese hombre ha conseguido volar, Celestino. Fracasaron nuestros planes.
VOZ: ¿Huimos?
DIRECTOR: No, todavía no. Agotemos antes todas nuestras posibilidades. Apóstense entre los cañaverales y preparen sus escopetas. No creo que tarde mucho en pasar por ahí. Habrá una recompensa especial al que consiga derribarle.

Cuelga el auricular y espera. Al cabo de cinco minutos, suena el timbre del teléfono.

VOZ: Acaba de pasar por aquí, señor.
DIRECTOR: ¿Le dieron?
VOZ: Lo siento, señor, pero el ladino se mantuvo fuera del alcance de nuestras armas.

DIRECTOR: *(Con acento sombrío.)* ¿Cuántas bajas?

VOZ: Cinco, es decir, todos muertos, menos yo.

DIRECTOR: ¿Cómo fue eso?

VOZ: Nos sorprendió con una bomba de fabricación casera.

DIRECTOR: *(Reflexionando.)* Ese tipo no es tan estúpido como yo pensaba.

VOZ: No, no lo es. Pero, ¿qué hacemos ahora?

DIRECTOR: Sacar la bandera blanca y reconocer nuestra derrota, Celestino.

En torno al texto

— Escribe un monólogo en el que el poeta, mientras vuela, cuente sus sensaciones, u otro en el que el director relate las maquinaciones que ha preparado contra el poeta.

Antonio Fernández Molina nació en Alcázar de San Juan (Castilla-La Mancha, España) en 1927, aunque vive desde hace muchos años en Zaragoza. Novelista y autor de magistrales relatos brevísimos.

LOS PLACERES DEL TURISMO

Perdón señor, pero con todos los respetos le aseguro que esa cucaracha que ha encontrado entre los macarrones es un pedazo de carne.

— ¿Usted dice que este *pedazo de carne* no es una cucaracha?

— Sí, señor. Esa cucaracha es un pedazo de carne.

— ¿Y cómo este pedazo de carne tiene el color y las patas de una cucaracha?

— No lo sé, señor. No alcanzo a distinguirle las patas.

— Mírelas. Las toco con el extremo del tenedor.

— No quiero llevarle la contraria, señor. Pero comprenda la situación en que me encuentro. Usted es un cliente y no debo contradecirle. Pero es imposible que esa cucaracha no sea un pedazo de carne. Compramos géneros de la mejor calidad y el frigorífico está cerrado herméticamente.

— ¿Qué es lo que quiere demostrar? Por muy pedazo de carne que diga que es, esta cucaracha es una cucaracha.

— Le ruego que lo comprenda. Esa cucaracha es un pedazo de carne, señor.

— Mírela. Parece una pieza de un muestrario de historia natural. Hasta tiene ese aspecto de mecánica obstinación que tienen las cucarachas.

— Confíe en mi palabra. La cucaracha es un pedazo de carne. Le sugiero que se coma el animalito. Ya verá como no tiene que arrepentirse.

— ¿Quiere obligarme a que me coma este bicho?

— ¿Obligarle? De ningún modo. Pero es importante que se la coma. Está empezando la temporada. Si usted rechaza un plato por una cosa de tan poca importancia puede cundir el ejemplo, y eso sería fatal.

— ¿Tan grave es?

— Sí. Y el solo hecho de sostener esta conversación puede hacer que me observen y que ante el temor por lo que hablemos mi puesto esté en peligro. Varias personas dependen de mi trabajo. Y una madre enferma.

— Pero yo no puedo comerme...

— ¿No puede comerse la carne?

— No, la cucaracha. Pero la cosa puede arreglarse fácilmente comiéndose usted ese pedazo de carne.

— Me lo estaba temiendo. ¡Qué le vamos a hacer! con esta son tres las cucarachas que me como en lo que va de semana. El año pasado pesqué una urticaria, y me perdí la mejor época de propinas.

— ¿Pero se la ha tragado directamente o la está masticando?

— La mastico. Me gusta hacer bien las cosas. Un alimento tan fuerte, si no va perfectamente ensalivado podría estropearme el estómago.

— Ya veo. Cruje como las patatas fritas.

— Es el toque de nuestra cocina, del que estamos tan orgullosos.

— Tome un poco de vino para que le pase.

— Gracias. Se me queda pegada a la garganta y podría producirme carraspera. ¡A su salud!

— Bien. Ya está todo solucionado.

— En efecto, señor. ¿Lo suyo todo en orden?

— Todo en orden.

— Gracias. Con su permiso me retiro.

En torno al texto

— *Imagina lo que dirías al camarero de esta historia si te sirviese una mosca en la sopa o una cucaracha en el flan.*

Miguel Mihura nació en Madrid (España) en 1905 y murió en 1986. Periodista, gran humorista, fundador de «La Codorniz», y autor dramático. Su obra «Tres sombreros de copa» es ya un clásico de la comedia teatral.

LA GUERRA

ESTAMPA PRIMERA

¡Felicidad!

La estampa representa una alegre granja situada en una de las más pintorescas aldeas de la Normandía. Todo es felicidad y júbilo. La linda granjera se acaba de casar por amor con René, y todos están contentos como piratas.

LILIÁN: *(Sentada en una silla y poniéndole redonda la cabeza a un niño que acaba de nacer y que es un rollo de manteca amasado con leche de rosas.)* ¡Qué feliz soy! Esta mañana me he casado con René y ya Dios, oyendo nuestros deseos, nos ha concedido un hijo para cuando mi marido se vaya a la guerra poderme despedir de él teniendo en mis brazos un rollo de manteca amasado con leche y rosas. ¡Qué contento se va a poner René cuando venga de la calle y lo vea! Ahora le voy a pedir otro a Dios. *(Le pide otro a Dios y Dios enseguida le concede otro.)* Ya tengo dos y solamente son las diez de la mañana. Nuestra felicidad no puede ser más completa. Voy a ver si para cuando venga mi marido he logrado reunir catorce o quince, sin que se me muera ninguno, y entonces nuestra despedida será la más emocionante. *(A las doce de la mañana la gentil Lilián ha logrado coleccionar cuarenta o cuarenta y cinco rollos de manteca amasados con leche y rosas que pone encima de la cama.)*

RENÉ: *(Entrando tristemente.)* Amada mía, hoy no puedo venir a comer porque como somos tan felices me tengo que ir a la guerra con unos amigos.

LILIÁN: ¡Qué contrariedad! ¿Y dónde está la guerra?

RENÉ: Creo que está en un campo pero no estoy muy seguro. El sargento, que es el que nos ha convidado, me parece que lo sabe.

LILIÁN: ¿Iréis en el tranvía?

RENÉ: No. No hay combinación. Tomaremos un coche. ¿Has logrado reunir algunos rollos de manteca amasados con leche y rosas para despedirme?

LILIÁN: *(Enseñándoselos.)* Sí. Aquí tengo 45. ¿Te gustan?

RENÉ: Sí. Son bastante repugnantes. Bueno, pues adiós.

LILIÁN: Adiós.

René sale de su casa y se va con muchos amigos que andan por la calle con una escopeta y tocando el tambor. Las esposas, que todas tienen en sus brazos un rollo de manteca amasado con leche y rosas, les dicen adiós con los pañuelos. Cuando ya los maridos han desaparecido en el horizonte, tiran al tejado los niños, que ya no sirven para nada, y se ponen a fregar el suelo de la cocina.

ESTAMPA SEGUNDA

La guerra

La estampa representa una rayita que hay en el campo hecha con el canto de una perra gorda francesa. A un lado está René y al otro está otro hombre que se llama Óscar. Cada uno está sentado en una silla y tienen en la mano un bastón muy *gordo. Esparcidos por el suelo hay miles de cadáveres, que están muy bien.*

RENÉ: ¡Dios mío! ¡Dios mío! ¡Qué triste es esta guerra! Todos los soldados han muerto y sólo quedamos nosotros dos que somos enemigos y que, como ya no tenemos fuerzas para luchar, nos lanzamos feroces insultos.

ÓSCAR: ¡Es verdad! ¡Es verdad! ¡Tonto!

RENÉ: ¡Majadero! *(Con los bastones se dan el uno al otro en los codos y en las pantorrillas.)* Al principio, cuando vinimos, no resultaba bien la guerra. Como nunca habíamos estado nos daba mucha lástima de todo y cada vez que matábamos a uno pues pedíamos un coche de muerto por teléfono y lo enterrábamos en el cementerio más cercano. Y todos íbamos al entierro. Esto nos hacía perder mucho tiempo, pues había días que teníamos que ir al entierro de mil quinientos individuos y escribir a la familia de los muertos diciéndoles lo que había ocurrido y que perdonase...

ÓSCAR: ¡Es verdad! ¡Es verdad! ¡Bobo! *(Le tira una piedra.)*

RENÉ: *(Dándole con el bastón.)* ¡Antipático! Era una guerra muy mal organizada. Luego pasó lo de aquellos dos guardias tan brutos... Cada vez que uno de nosotros mataba a otro del lado contrario o viceversa, los guardias le cogían y se lo llevaban detenido. Y era inútil que todos les dijésemos: «No, no. Si están ustedes equivocados. Si es que esto es la guerra, y aunque uno mate a otro no importa... Si se hace así...». Pero los guardias no hacían caso y se lo llevaban detenido, para que declarase ante un señor que estaba siempre tomando café. Esto nos hacía también perder mucho tiempo.

ÓSCAR: ¡Es verdad! Y menos mal que lo arreglamos dándoles dos pesetillas a los guardias, que si no...

RENÉ: Y entonces ya seguimos matándonos horriblemente... ¡Qué espanto! ¡Qué guerra más cruel y sanguinaria!... Hasta que todos fueron cayendo muertos, y solamente quedamos cuatro al lado de esta rayita y cuatro al otro lado...

ÓSCAR: ¡Es verdad! De vernos todos los días nos hicimos muy amigos, y ya nos dábamos facilidades para la lucha. Sólo peleábamos por la tarde, de cuatro a siete o siete y media, y algunas veces mandábamos recado con un niño de los que habían sobrado de las despedidas, diciendo que no podíamos venir porque estábamos con jaqueca de sol.

RENÉ: Y por fin sólo hemos quedado nosotros dos. ¡Qué guerra más cruel! El mundo entero espera con lágrimas en los ojos que termine esta guerra sanguinaria... Anda. ¿Me dejas pasar la rayita?

ÓSCAR: No quiero, porque entonces ganas tú. Déjamela pasar tú a mí.

RENÉ: ¡No me da la gana!

ÓSCAR: ¡Babieca!

RENÉ: ¡Babieca tú!

El caso es que terminan enfadándose y se van muy disgustados a sus casas sin terminar ni nada.

ESTAMPA TERCERA

¡Desolación!

L a estampa representa la granja de Lilián, que sigue fregando el suelo de la cocina.

RENÉ: *(Apoyándose en unas muletas entra en la casa.)* Hola, Lilián.

LILIÁN: Hola. ¿Vienes cojito?

RENÉ: Sí. He perdido una pierna en la guerra.

LILIÁN: ¿Alguien que te la quitó?

RENÉ: No; es que siempre que se viene de la guerra se pierde algo. Como hay tanto jaleo...

LILIÁN: ¿Pero no la buscaste cuando te diste cuenta?

RENÉ: Sí, la busqué y la encontré al lado de un árbol. Pero como ya había pasado tiempo, la pierna había ido creciendo, creciendo y había salido un gigante. Y ya me dio no sé qué quitársela...

LILIÁN: ¡Qué lástima! ¿Y cómo ha estado la guerra?

RENÉ: Bien. Había mucha gente...

LILIÁN: ¿Y quién ha ganado?

RENÉ: No sé, porque yo me marché ya aburrido.

LILIÁN: ¿Traes mucha ropa sucia?

RENÉ: Sí. Ahí en la maleta, traigo unos calcetines y una camisa, que, por cierto, le tienes que pegar un botón que se me ha caído. ¡Ah!, y también te traigo un regalo, para que veas que me he acordado de ti...

LILIÁN: *(Abrazándole.)* ¡Oh! ¿Me traes algo de la guerra?

RENÉ: *(Abriendo la maleta y sacando un cadáver.)* Te traigo este cadáver. ¿Te gusta?

LILIÁN: ¡Es muy bonito! ¿Anda?

RENÉ: No, de esos que andan no los había. Pero éste es el más bonito que he encontrado.

LILIÁN: Lo voy a poner en la sala. *(Lo pone en la sala.)* Y ahora acuéstate, que estarás cansadísimo.

RENÉ: Sí; efectivamente, estoy rendido.

LILIÁN: Bueno. Pues hasta mañana. Que descanses.

RENÉ: Adiós. Hasta mañana. *(Se acuesta él, y ella, silenciosamente, sigue fregando el suelo de la cocina. Y cae la noche. Y una gran desolación, callada y mansa, aprisiona los muros de este hogar, que al principio de esta historia era tan alegrillo... Pero, señor, ¿es que nunca se van a terminar las guerras?...)*

En torno al texto

— Anota las verdades que, según tu criterio, dice el autor sobre la guerra en este texto humorístico.

Josep-Vicent Marqués nació en Valencia (Comunidad Valenciana, España), en 1943. Es sociólogo y colabora en prensa escrita y en televisión.

LA NO CONVERSACIÓN

Estoy un poco asustado, francamente, y comparto mi temor con alguna persona que no sería delicado citar. El fenómeno es fácil de explicar, aunque no de contrarrestar: en cuanto se encuentran cuatro o más personas la conversación desaparece. Algunas amenazas a la tertulia son antiguas: hay quien en cuanto se ve en grupo secuestra un interlocutor, incluso uno detrás de otro, rompiendo el grupo, incapaz de compartir el discurso, de asumir aunque sólo sea a ratos un papel secundario. No se sabe por qué el tipo o la tipa sale en grupo. Sería mejor que sólo saliese con las personas de una en una. Luego están el acaparador de atención, el imbécil que expresa o tácitamente subraya sus afirmaciones con un puñetazo en la mesa / lo que yo te diga, el enterado de lo que todos estamos enterados (que lee la Prensa convencido de ser el único que la lee y ve los telediarios como si fueran sólo para él y luego nos lo cuenta como si fuese el corresponsal), en fin, viejos conocidos, viejos obstáculos para la débil y hermosa vida de grupo. Lo que es relativamente nuevo es la letanía analógica polifónica. Será mejor que les ponga un ejemplo.

— Hoy he tenido un día de trabajo terrible — dice Abundio.

— Terrible lo de China, ¿no? — apunta Leocadia.

— He encontrado un mantón de la China baratísimo — dice Poncia.

— ¿Dónde? — pregunta Leocadia.

— He encontrado un estanco con una gama de tabacos de pipa increíble — aporta Godofredo.

— ¿Dónde? — se interesa Abundio.

(Las respectivas respuestas se hacen inaudibles, se cruzan y se olvida la información.)

Inasequibles al desaliento, los no-conversa-dores prosiguen.

— ¡Qué pena lo de Maripámpanos! — dice entonces Maximiano, que aún no ha podido meter baza.

— ¿Qué le ha ocurrido a Maripámpanos? — pregunta Leocadia.

— Se le ha escapado el marido con un afinador de pianos — aclara Abundio, que conoce la historia.

— ¿Cómo ha sido? — pregunta Poncia.

Poncia nunca llegará a conocer la historia, porque ya Godofredo está preguntando:

— ¿Fuisteis al recital de piano del sábado?

Algunos comentan que sí y lanzan exclamaciones valorativas, lo que obliga a Godofredo, que no ha estado en el recital, a preguntar:

— ¿Habéis visto *Bajarse al moro*?

Contraataca Maximiano preguntando si han oído el nuevo disco de Ana Belén. Gana Maximiano, pero su victoria es efímera, porque ya Abundio pregunta si han leído *Todas las almas*, de Javier Marías.

— Es sobre Oxford, ¿no? — se asegura Leocadia.

— ¿Hay ya rebajas en Oxford? — pregunta Poncia, que está más versada en oportunidades textiles que en literatura.

— Yo estuve en Cambridge — dice Godofredo, el de la pipa.

— Me encanta el bridge — dice Maximiano.

— A mí el Camembert — dice Abundio.

— ¿Habéis estado en Canberra? — pregunta Leocadia recuperando la vena cosmopolita.

Es un momento de gran brillantez: variaciones sobre tres o cuatro sílabas. Sería espléndido que jugasen al *scrabble*, al *intelect* o que hiciesen crucigramas por equipos, pero no, ellos creen estar conversando.

Pasada la agitación, Abundio logra volver a poner sobre el tapete su día de trabajo:

— Figuraos que el gerente ha llegado a la empresa con resaca y me ha dicho...

— ¡Vaya resaca la que tuve el jueves! — dice entonces Leocadia— . Había salido a cenar con Brígido y Társila. Era el cumpleaños de Társila: y fuimos a...

— Oye, ¿cuántos años tiene Maripámpanos? — pregunta Godofredo.

— Bueno — dice Poncia— . Tenía 27 en el 82.

— Gran cosecha la del 82 — afirma Abundio.

— Sobrevalorada. Yo reivindico el rioja del 81 — dice Maximiano.

— A mí me gustan más los vinos de Valladolid — dice Leocadia.

— Yo tengo un primo en Valladolid — dice Godofredo.

— Oye, ¿qué es de tu prima? — pregunta Poncia a Abundio.

Es inútil que Abundio tenga un as en la manga. Por ejemplo:

— Le estalló la bomba que pretendía poner en protesta por el juicio de la colza.

O bien:

— Se ha ido de cooperante a Nicaragua porque no soportaba que su marido, el diputado del CDS, tuviese que llamar por teléfono todas las mañanas al partido para saber lo que era.

En el primer caso, alguien dirá:

— Lo del juicio de Amedo no está claro.

En el segundo, alguien expresará sus simpatías por la guerrilla salvadoreña. No necesariamente los temas son frívolos. Simplemente, no se llega a hablar de nada. Abundio nunca contará lo que le ha pasado en el trabajo, los sucesos de China no serán debatidos, la fuga del marido de Maripámpanos quedará sumida en el misterio, los méritos de los vinos del Duero y de Rioja nunca serán comparados... Se irán a casa con la engañosa sensación de haber charlado mucho. Todos. Terrible.

En torno al texto

— *Al autor no le parecen posibles las conversaciones en grupo. ¿Qué te enseña de la vida española o mundial la lectura de este artículo?*

AZORÍN, O EL HERMETISMO DELIBERADO

¿  zorín?
— Sí.

— Gracias.

— No hay de qué.

La doncella de Azorín lleva una cofia blanca. La doncella de Azorín es una mujer joven, la doncella de Azorín es una moza sonriente. La sonrisa de la doncella de Azorín se dibuja clara, precisa, quizá sobre un velado fondo de amargor.

En el vestíbulo hay un perchero. En el perchero no hay nada.

En el portal había un portero mal educado. En el ascensor se quedó un banquito de peluche.

— Pase.

— Sí.

A la derecha del vestíbulo hay una salita con una cama turca, una mesa de camilla y un grabado en las paredes que se titula *Les crèpes*.

— Siéntese.

— Sí.

Sobre la mesa de camilla hay una lámpara con pantalla verde. La mesa de camilla tiene las faldas de color verde. La cama está forrada de verde.

La salita de la derecha del vestíbulo parece la sala de espera de un dentista. O la de un otorrinolaringólogo. O la de un notario. O la de un registrador de la propiedad. O la de un ingeniero de minas. O la de un ingeniero de montes. O la de un ingeniero de caminos, canales y puertos.

En el pasillo se oye una suave carraspera.

— Hola.

— Buenas tardes, maestro; le encuentro a usted muy bien.

— No, no...

— Usted perdone, yo le encuentro muy bien.

— No, no... El que está muy bien es usted.

— Gracias. Usted también. Yo no quisiera molestarle.

— Usted no molesta.

— Gracias. Yo no quisiera molestarle, pero yo le encuentro a usted muy bien.

— No, no...

Azorín está embutido en un abrigo. Parece un paraguas cerrado; no el paraguas rojo de otro tiempo, sino más bien un paraguas oscuro, un paraguas ya un tanto usado.

— Le sigo a usted en el *ABC*.

— No, no...

— Sí, señor, yo le sigo a usted en el *ABC*.

— No, no...

— ¡Caramba! ¡Que sí! ¡Le juro que le sigo a usted en el *ABC*!

— No, no... Quien le sigue a usted en el *Arriba* soy yo.

— Gracias. Yo a usted también. Yo no quisiera molestarle.

— No, no...

El ojo derecho de Azorín destila una lágrima.

— ¡Buena casa tiene usted!

— No, no...

— ¡Hombre! ¡Usted perdone! ¡Usted tiene una buena casa!

— No, no...

— Grande.

— De tiempos de Alfonso XII.

— Bueno; de tiempos de Alfonso XII pero grande.

— No, no. Destartalada.

Al viejo escritor no hay quien le meta el diente.

— Trabaja usted mucho, maestro.

— A la fuerza.

— ¿Y sigue usted con su horario franciscano?

— A la fuerza.

— ¡Vaya! ¿Sale usted mucho?

— No, no...

— ¿Su paseíto de las mañanas?

— No, no... de las tardes.

— ¿A la caída del sol?

— No, no.. A las tres y media.

— ¿Por la Carrera de San Jerónimo?

— No, no... Por la Puerta del Sol.

— ¿Y después se encierra usted a trabajar?

— A la fuerza.

El visitante tiene ganas de fumar, pero no se atreve a encender un pitillo. El visitante, para consolarse, se rasca una pierna con disimulo.

Desde la salita de Azorín no se oye nada, absolutamente nada. Cuando Azorín se calla del todo y no dice ya ni «No, no...», la salita de Azorín es probablemente lo más parecido que hay al limbo.

— Claro, claro... Trabajar es lo mejor. En Madrid ahora no se puede ir a ningún lado, ¿verdad?

— No, no... Ahora hay muchas librerías.

— ¿De viejo?

— Y de nuevo, y de nuevo.

— Pero en las de viejo, no se encuentra nada.

— No, no... Pero hay muchas de nuevo.

— Bueno, sí.

— Y editoriales, muchas editoriales.

— Sí, señor.

Al visitante le pica ya la espalda. Si tuviese valor para encender un pitillo, los nervios se le tranquilizarían. Pero el visitante no tiene valor para encender un pitillo.

Azorín vive detrás de las Cortes. Azorín fue subsecretario de Instrucción Pública. Azorín tuvo, en tiempos, cierta vocación política.

Azorín aparece siempre muy lavado. Azorín aparece siempre recién afeitado. Azorín aparece siempre pulcro.

— De modo que sale poco, ¿eh?

— A la fuerza.

El visitante está ya al borde del coma.

— Como un escritor francés, ¿eh?, en su torre de marfil.

El visitante empieza a pensar que ese señor que tiene enfrente es un doble de Azorín.

— ¿Libros?

— No, no...

— ¿Ninguno?

— No, no... Ya me he despedido.

— ¿Para siempre?

— Sí, sí... Ya me he despedido en el último.

El visitante tose un poco.

— ¿Y artículos?

— A la fuerza...

— ¡Pero es usted incansable!

— A la fuerza...

El viejo escritor sigue resistiendo.

— ¿Y de salud? ¿Está usted bien de salud?

— ¡Psché!

— De buen aspecto.

— ¡Psché!

— De buen color...

— ¡Psché!

— Con buen aire.

El viejo escritor suspira largamente.

— Mucho método.

— Sí, claro.

— Mucho orden.

— Sí, claro.

— Si no, sobreviene el desequilibrio.

— Claro, claro.

El visitante apunta la frase «sobreviene el desequilibrio». El visitante no tiene una gran práctica en el género y, a veces, las frases largas se le escapan.

El visitante se siente un tanto desequilibrado. Quizá sea debido a que no tiene método, ni cuidado, ni orden, ni concierto.

— Oiga, maestro: ¿le hacen muchas entrevistas para los periódicos?

— No, de compañero a compañero, no.

— Me hago cargo. ¿Y encuestas?

— No, es una norma de conducta que me he trazado; prefiero abstenerme. Yo nada tengo que decir. Yo prefiero estar al margen.

— Muy bien.

— Eso. Yo prefiero estar al margen; yo nada tengo que decir.

— Ya, ya ¿Y no contesta usted nunca?

— Nunca, nunca.

El viejo escritor se mueve un poco en la silla.

— ¿A usted le han hecho alguna edición de arte?

El visitante se queda hecho un mar de confusiones.

— No, señor, ninguna. Empezaron una en Barcelona, pero no sé lo que habrá sido de ella. Aún no me han dicho nada. ¿Y a usted?

— Tampoco; a mí tampoco.

— ¿Y fuera?

— No; fuera, tampoco. En Noruega hicieron una de *La ruta de don Quijote*.

— ¿Bonita?

— Sí, bonita.

— ¿Con láminas?

— Sí, con láminas.

— ¿En noruego?

— Eso es: en noruego.

— ¿Y le enviaron ejemplares?

— Sí, me enviaron ejemplares.

El viejo escritor mira furtivamente para los ojos del visitante.

— Pero ya los regalé todos...

— ¡Vaya por Dios!

El visitante mira de reojo al viejo escritor.

— Bueno, maestro, no quiero molestarle más.

— Usted no molesta.

El visitante vuelve a tomar ánimos.

— Bueno, maestro, ya le digo: no quiero interrumpirle en su trabajo. Usted es un hombre muy ocupado.

— A la fuerza...

El visitante hace como que no oye.

— Un hombre muy ocupado, al que no debe importunársele.

— Nada, nada.

El visitante, en un rapto de decisión, se levanta.

— Bueno, maestro, adiós.

— Adiós.

— Muchas gracias por haberme recibido.

— De nada.

— Adiós.

— Adiós.

Por la calle pasaban unos muchachos hablando a gritos. El visitante tardó algún tiempo en darse cuenta del espectáculo.

A la puerta de la Comisaría que hay enfrente de casa de Azorín dos guardias y dos mujeres se sentían felices vociferando.

En los restaurantes alemanes de cerca de casa de Azorín no saben lo que es la tila.

— ¿Quiere usted, en vez, salchichas de Francfort?

— Bueno, tráigame lo que quiera.

En torno al texto

— *Inventa una entrevista con alguien famoso utilizando este estilo sencillo.*

César di Candia, periodista uruguayo.

En 1950 se celebró el campeonato Mundial de fútbol en Brasil. El país anfitrión tenía aquel año uno de los mejores equipos de la historia. La final la jugaron Brasil y Uruguay, el "paisito". Los aficionados de ese país enloquecido por el deporte rey que es Brasil estaban seguros de que iban a ser campeones, y se llegó a decir que los futbolistas brasileños llevaban debajo de la camiseta nacional otra en la que ponía Campeones del mundo para dar con ella la vuelta de honor al estadio. Pero se volvió a repetir la historia de David y Goliat y ganó Uruguay por dos a uno. El artífice de la victoria fue el gran mito del fútbol latinoamericano de esos años Obdulio Varela, el negro Varela, que demostró en el estadio de Maracaná que lo imposible es alcanzable. Así recuerda el protagonista la hazaña:

CONTRALEYENDA DE MARACANÁ

— **¿En la final de Maracaná salieron a «dar»?**

— No. A marcar bien, sí. Usted sabe que lo fundamental en todos los partidos es anular a los punteros. Allá también tratamos de que no jugaran.

— **¿Quién dio las instrucciones previas a esa final? Se han tejido muchas leyendas al respecto.**

— Yo hablé mucho con Juan López. También estaba Roque (Máspoli) que mandaba bastante. Le dábamos entrada a Matías (González), y también a Tejera y Gambetta. Hicimos un bloque con los más veteranos y charlando entre todos fuimos planificando la cosa. A veces nos pasábamos horas hablando.

— **¿Alguno de ustedes creía que se le podía ganar a Brasil?**

— Ninguno de nosotros creía nada. Se ganó por esas cosas. Cien veces jugamos y cien veces perdemos. Es la verdad. Ellos tenían un cuadrazo enorme. No sé lo que pasó. Ese día se habrán asustado. Fue el mejor cuadro que yo vi jugar, pero ese día no sé.

49

— Los dirigentes uruguayos que habían asistido al Mundial tampoco creían en un triunfo uruguayo.

— ¡Pero los dirigentes nuestros! ¡Para qué vamos a hablar de los dirigentes nuestros! ¡Puras decepciones! El doctor Jacobo nos dijo en los vestuarios antes de salir que ya que el partido lo teníamos perdido, lo mejor era jugar de guante blanco para dejar buena impresión. ¡Los dirigentes! Hubo uno que nos dijo que si perdíamos solamente por cuatro goles él se conformaba.

— Acá se dijo que a determinado jugador usted lo agarró en el intervalo y le dijo «o te jugás la ropa o te la vas a ver conmigo».

— No, eso no es cierto. Se dice que tuve un altercado con Schiaffino, pero aprovecho esto para desmentirlo totalmente. Esas cosas no se hacen entre compañeros. Además a Schiaffino no había que decirle nada porque era un jugador excepcional.

— El episodio de Maracaná, por haber marcado el pico más alto del fútbol uruguayo, se ha convertido en una gran leyenda y como tal se le han ocultado sus flancos oscuros. Yo tengo entendido que durante todo el campeonato la disciplina del equipo fue baja. Que varios muchachos escondían debajo de sus camas latas de sardinas, pan y cerveza y de poco servía la preparación física.

— Había muchas cosas de esas, sí. Y hubo algunos que se hicieron los lesionados para sacarle el cuerpo a la jeringa, por no decir otra palabra. Parecía que habíamos ido a pasear. Y Juan se quedó un poco dormido, también. Era un muchacho muy bueno, demasiado bueno. Pero al final todo se arregló.

— ¿Dónde arrancaban los problemas?

— Los problemas empezaban con la presencia de Matías González, que no había querido participar en la huelga nuestra e incluso después había tenido una actitud similar cuando la huelga del frigorífico. Matías, que había integrado aquel seleccionado de emergencia de la Asociación en el que jugaron los «carneros», despertaba muchas resistencias entre los muchachos. Le hacían mal ambiente, no le hablaban. Un día estábamos en un boliche, los jugadores por un lado y él por otro.

— **¿Eso ocurría en un boliche de Río?**

— Sí, eso fue cuando nos trasladamos para allá, después de jugar contra Bolivia en Belho Horizonte.

— **¿Y en pleno campeonato iban a los boliches? Parece que la disciplina no era muy rígida. Tuvimos que esperar casi cuarenta años para saberlo.**

— Hay muchas cosas que quedan en el tintero... *(se ríe)*. Pero por suerte pasó todo. Ese día los reuní y les dije: «*Bueno muchachos, se acabaron los problemas. Vamos a hablarnos entre nosotros porque si no no podemos jugar juntos*». Al principio nadie le daba bola a la disciplina. Parecía que íbamos a una fiesta en lugar de ir a un campeonato del mundo. Muchos no tenían buena preparación física. Cuando bajamos del avión en Río el «Cato» (Ramón) Tejera estaba gordo, parecía el presidente. *(se ríe)*.

— **¿Hubo dirigentes uruguayos que antes de la final con Brasil se vinieron de vuelta a Montevideo para no asistir a la goleada?**

— Hubo, sí. Más de uno. Tuvieron miedo y se vinieron. Y no se vinieron todos por esas cosas. Pero había que reirse. Después de todo ¿quién esperaba el triunfo nuestro? Eso sí, después que regresamos la Asociación mandó hacer medallas recordatorias. De oro para los dirigentes, de plata para los jugadores. A los que se habían venido asustados, les dieron medallas de oro. ¡Es para no creer!

— **¿La medalla fue el único premio que recibieron?**

— ¡No! Recibimos además un premio en dinero. ¿Sabe cuándo nos lo entregaron? En 1970. ¡Veinte años después nos dieron la plata! ¡Matías se había muerto ya! ¿Qué le parece? Por eso digo: ¡Los dirigentes! ¡Hágame el favor! A los veinte años de haber ganado, nos entregaron doscientos cincuenta pesos, o quinientos pesos, ya ni me acuerdo, y la medalla famosa. *(se ríe)*. Así que ya ve cómo son.

— **La noche del triunfo de Maracaná en el hotel «Paysandú» donde habían estado concentrados se hizo una gran fiesta.**

— Sí, pero yo no quise asistir. Me fui a caminar solo por ahí. Me metí en una cervecería y me acodé en el mostrador. Al ratito uno me reconoció y se me acercó y después se vinieron otros. Todos lloraban y a mí me daba una lástima horrible. Terminamos tomando toda la noche juntos, mamados hasta las patas.

En torno al texto

— *Escribe una narración en prosa con las informaciones que te da la entrevista.*

MONÓLOGO DE MANUELA

(Entrevista a la actriz Adela Legrá)

La mayoría de la gente cree que soy de Baracoa, pero en verdad soy nacida y criada en Caimanera. Lo que pasa es que cuando Humberto Solás me conoce y me propone hacer una película, ando por Baracoa, trabajando con la Federación de Mujeres Cubanas. Miren, cuando Humberto me habló de hacer una película no creí que fuera cierto nada de lo que me estaba diciendo. Me dije: es una fotografía más. Cada vez que por allí aparecía un extranjero, me retrataba, porque decía que era muy fotogénica, y me hice la idea que lo de Humberto era eso mismo. Después de la prueba, él me dijo que el cine lo hacían actrices profesionales, pero para mis adentros me repetía: bueno, serán muy profesionales, pero seguro que son de carne y hueso, igual que yo, y si ellas lo hacen, yo también. Pero en ningún momento pensé que en realidad iba a trabajar en una película. Nunca había visto una obra de teatro ni nada que pudiera enseñarme lo que era una actuación.

Como quince días después, me llamaron por teléfono desde La Habana y tuve que presentarme para hacer otra prueba. Humberto decía que había otras aspirantes y él debía demostrar por qué me había seleccionado y yo, sin saber nada de cómo se hacía el cine, decía y me repetía: si otra lo hace, yo lo hago. Y eso fue lo que hice. En esos años, lo único que había visto eran muchas películas de Libertad Lamarque, Arturo de Córdova, Tony Curtis, Bette Davis y eso, que eran mis actores preferidos.

Sí, lo que me gustaba era los melodramas aquellos. Figúrense, había tenido que aprender a escribir y leer yo sola, recortando letras de los periódicos y revistas y uniéndolas después. ¡Qué iba a saber de actuación! Y soñar con trabajar en el cine, ¡¡jamás! En aquellos años, antes del triunfo de la Revolución, allá en Caimanera, los sueños eran muchos, pero las desilusiones eran más. Allí había que andar muy bien plantada sobre la tierra para poder salir airosa. Bueno, estaba contando de cuando vine para La Habana, a hacer la segunda prueba. Cuando por fin me dijeron que sí, que yo iba a ser Manuela, tampoco lo creía. ¿Saben también lo que me pasaba? Hasta durante la filmación, me decía: usted verá, que este hombre va a ir preso y yo también. Humberto todos los días me decía: Adela, mira que son miles de pesos lo que se ha invertido en esto; tienes que poner de tu parte. Porque, saben, yo era muy *rebencúa* en esa época y tenía días en que decía no filmo, y nada, no había quien me convenciera; de ahí no me movía nadie. Eso pasaba sobre todo cuando me imponían las cosas, y yo no aceptaba imposiciones, y me ponía más *rebencúa* todavía. Pensaba para mis adentros: ahora va a venir el tipo ese a imponerse y no lo aguanto. En mi ignorancia, pensaba que toda la gente de La Habana era mala: los veía así, tan arregladitos y tan estirados. Quien único lograba sacarme un poco de aquello era Olga González, que trabajaba en la filmación y, la pobre, ¡tenía que darme unas charlas! Pero al otro día seguía igual y le preguntaba: ¿Olga, tu estás segura que aquí no hay mala fe? Después ya no, le fui cogiendo afecto a Humberto, tanto que hoy volvería a filmar con él, quisiera trabajar con él.

Pero la historia no termina ahí. Cuando se acabó la filmación de *Manuela*, seguía encasquillada en que aquello era una basura y hasta cogí miedo de que me metieran presa por haberle gastado al estado miles de pesos en aquello, por haberlo permitido y haber participado. Y me fui para Pinares de Mayarí, me incorporé a las brigadas de mujeres que trabajaban en un plan especial en la agricultura, porque pensaba que allá en el monte y con mi verdadero nombre, nadie me iba a encontrar, aunque fueran a buscarme. Todo tiene su explicación; mi ignorancia era grande, yo no quería demostrarlo, pero... ¡era tan ignorante! Ahora comprendo lo difícil que debe haber sido para Humberto y los demás compañeros haber trabajado conmigo. Para mí no fue nada fácil tampoco. A él le aguanté cosas que nunca le había permitido a nadie. De todo lo que he hecho en el cine, *Manuela* es lo que más me gusta. Yo me sentía Manuela y eso no me pasó, por ejemplo, con la Lucía de *Lucía*. Desde entonces ha pasado mucho tiempo y he trabajado en otras películas, interpretando otros papeles, pero Manuela sigue cerca, ella tenía mucho que ver conmigo, hasta en el medio ambiente. Ha pasado el tiempo, pero algo se mantiene. Ya no soy tan *rebencúa*, soy más fácil de guiar, más domable, pero hay algo que se mantiene, creo yo: Adela, la que vivió en Caimanera, la de Baracoa y la de ahora, la de hoy, son las mismas. Siempre me digo: si cambio, dejo de ser yo. No me interesa cambiar excepto para superarme. Detesto a la gente superficial, ¡la sinceridad es tan linda!

En torno al texto

— *La actriz Adela Legrá se hizo famosa en Cuba interpretando, en películas que se hicieron muy populares, a personajes como "Manuela" y "Lucía".*

— *Escribe un monólogo, imitando el ejemplo de Manuela, sobre tu vida o una inventada.*

Virgilio Piñera nació en Cárdenas (Cuba) en 1912 y murió en 1979. Novelista, autor dramático y cuentista, uno de los escritores más conocidos de Cuba. En 1946 se trasladó a Buenos Aires donde vivió hasta 1958.

EL INTERROGATORIO

¿Cómo se llama?
— Porfirio.

¿Quiénes son sus padres?
— Antonio y Margarita.

¿Dónde nació?
— En América.

¿Qué edad tiene?
— Treinta y tres años.

¿Soltero o casado?
— Soltero.

¿Oficio?
— Albañil.

¿Sabe que se le acusa de haber dado muerte a la hija de su patrona?
— Sí, lo sé.

¿Tiene algo más que declarar?
— Que soy inocente.

El juez entonces mira vagamente al acusado y le dice:

— Usted no se llama Porfirio; usted no tiene padres que se llamen Antonio y Margarita; usted no nació en América; usted no tiene treinta y tres años; usted no es soltero; usted no es albañil; usted no ha dado muerte a la hija de su patrona; usted no es inocente.

— ¿Qué soy entonces? —exclama el acusado.

Y el juez, que lo sigue mirando vagamente, le responde:

— Un hombre que cree llamarse Porfirio; que sus padres se llaman Antonio y Margarita; que ha nacido en América; que tiene treinta y tres años; que es soltero; que es albañil; que ha dado muerte a la hija de su patrona; que es inocente.

— Pero estoy acusado —objeta el albañil—. Hasta que no se prueben los hechos estaré amenazado de muerte.

— Eso no importa —contesta el juez, siempre con su vaguedad característica—. ¿No es esa misma acusación tan inexistente como todas sus respuestas al interrogatorio? ¿Como el interrogatorio mismo?

— ¿Y la sentencia?

— Cuando ella se dicte, habrá desaparecido para usted la última oportunidad de comprenderlo todo —dice el juez; y su voz parece emitida como desde un megáfono.

— ¿Estoy, pues, condenado a muerte? —gimotea el albañil—. Juro que soy inocente.

— No; acaba usted de ser absuelto. Pero veo con infinito horror que usted se llama Porfirio; que sus padres son Antonio y Margarita; que nació en América; que tiene treinta y tres años; que es soltero; que es albañil; que está acusado de haber dado muerte a la hija de su patrona; que es inocente; que ha sido absuelto, y que, finalmente, está usted perdido.

En torno al texto

— *Escribe un interrogatorio, siguiendo este ejemplo, con un final absurdo como éste.*

— *Representadlo.*

LA PREHISTORIA

Buenos días, querido maestro. ¿Qué tal? ¿Cómo está usted?
— Ya lo está usted viendo; siempre en mi taller, enfrascado en mi grande obra.

— ¿Habla usted de esa obra magna, admirable, que todos esperamos: «La Prehistoria»?

— En efecto; en ella estoy ocupado en estos momentos. Ya poco falta para que la dé por terminada definitivamente.

— ¿Habrá usted llegado acaso a los linderos de las épocas modernas, históricas?

— Acabo, sí señor, de poner los últimos trazos a mi descripción del período de la electricidad.

— ¿Será un interesante período ese de la electricidad?

— Es el último estado de la evolución del hombre primitivo; ya desde aquí comienza la profunda transformación que los historiadores conocen, es decir, comienza la era del verdadero hombre civilizado.

— Perfectamente, querido maestro. Y ¿ha logrado usted muchas noticias de este oscuro y misterioso período?

— He logrado, ante todo, determinar cómo vivían estos seres extraños que nos han precedido a nosotros en el usufructo del planeta. Sé, por ejemplo, de una manera positiva que estos seres vivían reunidos, amontonados, apretados en aglomeraciones de viviendas que, al parecer, se designaban con el nombre de «ciudades».

— Es verdaderamente curioso, extraordinario, lo que usted me cuenta. Y ¿cómo podían vivir estos seres en esas aglomeraciones de viviendas? ¿Cómo podían respirar, moverse, bañarse en el sol, gozar del silencio, sentir la sensación exquisita de la soledad? Y ¿cómo eran esas viviendas? ¿Eran todas iguales? ¿Las hacían diversas, cada cual a su capricho?

— No; estas casas no eran todas iguales; eran diferentes; unas mayores, otras más chicas; otras molestas, angostas.

— ¿Ha dicho usted, querido maestro, que unas eran angostas, molestas? Y dígame usted, ¿cómo podía ser esto? ¿Cómo podía haber seres que tuviesen el gusto de habitar en viviendas molestas, estrechas, antihigiénicas?

— Ellos no tenían este capricho; pero les forzaban a vivir de este modo las circunstancias del medio social en que se movían.

— No comprendo nada de lo que quiere decirme.

— Quiero decir que en las épocas primitivas había unos seres que disponían de todos los medios de vivir y otros, en cambio, que no disponían de estos medios.

— Es interesante, extraño, lo que usted dice. ¿Por qué motivos estos seres no disponían de medios?

— Estos seres eran los que entonces se llamaban «pobres».

— ¡«Pobres»! ¡Qué palabra tan curiosa! Y ¿qué hacían esos «pobres»?

— Esos pobres trabajaban.

— ¿Esos «pobres» trabajaban? Y si trabajaban esos pobres, ¿cómo no tenían medios de vida? ¿Cómo eran ellos los que vivían en las casas chiquitas?

— Esos pobres trabajaban; pero no era por cuenta propia.

— ¿Cómo, querido maestro, se puede trabajar si no es por cuenta propia? No le entiendo a usted; explíqueme usted eso.

— Quiero decir que estos seres no tenían medios de vida, con objeto de allegarse la subsistencia diaria se reunían a trabajar en unos edificios que, según he averiguado, llevaban el título de «fábricas».

— Y ¿qué iban ganando con reunirse en esas «fábricas»?

— Allí todos los días les daban un «jornal».

— ¿Dice usted un «jornal»? ¡Será éste algún vocablo de la época!

— «Jornal» es, efectivamente, una palabra cuya significación hoy no comprendemos: «jornal» era un cierto número de «monedas», que diariamente se les adjudicaba por su trabajo.

— Un momento, querido maestro: perdóneme usted otra vez. He oído que ha dicho «monedas». ¿Qué es esto de «monedas»?

— «Monedas» eran unos pedazos de metal redondos.

— ¿Para qué eran estos pedazos de metal redondos?

— Estos pedazos, entregándolos al poseedor de una cosa, este poseedor entregaba la cosa.

— Y este poseedor, ¿no entregaba las cosas si no se le daban estos pedazos de metal?

— Parece ser que, en efecto, no las entregaba.

— ¡Eran unos seres extraños estos poseedores! ¿Y para qué querían ellos estos pedazos de metal?

— Parece ser también que cuantos más pedazos de éstos tenía era mejor.

— ¿Era mejor? ¿Por qué? ¿Es que estos pedazos no los podía tener todo el que los quisiera?

— No, no podían tenerlos todos.

— ¿Por qué motivos?

— Porque el que los tomaba sin ser suyos era encerrado en una cosa que llamaban «cárcel».

— ¡«Cárcel»! ¿Qué significa esto de «cárcel»?

— «Cárcel» era un edificio donde metían a unos seres que hacían lo que los demás no querían que hiciesen.

— ¿Y por qué se dejaban ellos meter allí?

— No tenían otro remedio: había otros seres con «fusiles» que les obligaban a ello.

— ¿He oído mal? ¿Es «fusiles» lo que acaba usted de decir?

— He dicho, sí, señor, «fusiles».

— ¿Qué es esto de «fusiles»?

— «Fusiles» eran unas armas de que iban provistos algunos seres.

— ¿Y con qué objeto llevaban los «fusiles»?

— Para matar a los demás hombres en las guerras.

— ¡Para matar a los demás hombres! Esto es enorme, colosal, querido maestro. ¿Se mataban los hombres unos con otros?

— Se mataban los hombres unos con otros.

— ¿Puedo creerlo? ¿Es cierto?

— Es cierto; le doy a usted mi palabra de honor.

— Me vuelve usted a dejar estupefacto, maravillado, querido maestro. No sé qué es lo que usted trata de regalarme con sus últimas palabras.

— ¿He hablado del «honor»?

— Ha hablado usted del «honor».

— Perdone usted; ésta es mi obsesión actual; éste es el punto flaco de mi libro; ésta es mi profunda contrariedad. He repetido instintivamente una palabra que he visto desparramada con profusión en los documentos de la época y cuyo sentido no he llegado a alcanzar. Le he explicado a usted lo que eran las «ciudades», los «pobres», las «fábricas», el «jornal», las «monedas», la «cárcel» y los «fusiles»; pero no puedo explicarle a usted lo que era el «honor».

— Tal vez ésta era la cosa que más locuras y disparates hacía cometer a los hombres.

— Es posible...

En torno al texto

— *Representad alguno de los mini-diálogos en los que se puede dividir el texto.*

*Silverio Lanza nació en 1856 y murió en 1912 en Madrid.
Prosista. Ha escrito cuentos de crítica social, sobre todo
contra los caciques. Su obra rezuma de humor negro y de
desesperada e inútil búsqueda de la justicia.*

LA FE

> *Para ir a la Meca, no puede el marido impedir a la mujer
> que vaya, sino que si él no quiere ir, ella toma otro que la
> acompañe por todo el tiempo que dure el viaje; y si viene del
> viaje preñada, lo que para, siendo hombre, es gerifo, que quiere
> decir pariente de Mahoma, porque dicen concurre Mahoma
> a la generación...*
>
> El P. Castillo (Devoto peregrino)

Pues bien; Aniceto es gerifo. Su madre era una hermosísima
mujer cuando la conocí.

Un día durmiendo entre altos trigos, a orillas de una vereda
que conduce desde el pueblo a la ermita de San Juan, alegróse
mi vista con la repentina presencia de la lugareña. Hizo ella
súbitos ademanes de inquietud y asombro así que me vio, mas
yo la tranquilicé con la mesura de mi palabra y lo respetuoso de
mi continente, y de este modo la animé a conversar conmigo.

— Buenas tardes, Bibiana.

— Buenas tardes tenga usted, señorito.

— ¿Va usted de paseo?

— Sí, señor.

— ¿Hacia dónde?

— Pues... hacia la ermita.

— Quiere usted sentarse y descansar.

— No, señor, no. Es muy tarde y voy de prisa.

— Diga usted, ¿esa ermita es de San Juan?

— De San Juan, sí.

— ¿Y está el santo dentro de la ermita?

— Ya lo creo.

— ¿Cuándo es su fiesta?

— Dentro de doce días; el veinticuatro de éste.

— Entonces es San Juan Bautista. ¿Y qué fiesta le hacen al santo?

— Pues se le hace mucha.

— Usted perdone; la estoy molestando con mis preguntas y usted lleva prisa.

— ¡No faltaba más! Usted pregunte lo que quiera.

— Pues, se lo diré a usted andando.

Y efectivamente empezamos a caminar hacia la ermita.

Mientras yo hablaba iba Bibiana recogiendo piedrecitas del camino, las cuales guardaba debajo del delantal.

Llegamos juntos cuando ya se había ocultado el sol. Yo miré por la rejilla de la puerta, y apenas pude ver lo que había dentro. Bibiana empezó a rezar, y me retiré y me marché al otro lado de la ermita. Después, con el mayor sigilo, y dando un gran rodeo, me coloqué de manera que pudiese observar a la gentil aldeana.

¡Cuál no sería mi sorpresa, viendo a Bibiana sacar las piedrecillas que había guardado, y arrojarlas con fuerza dentro del santuario a través de la rejilla de la puerta! Llegué a convencerme de que apedreaba al santo. No pude contenerme, y fui hacia ella.

— ¿Qué hace usted?

— Nada.

— ¿Está usted tirando piedras?

— Sí, señor.

— Pero ¿por qué hace usted eso?

— ¡Ah! no, señor, por nada.

— ¿Por nada? Yo quisiera que usted me dijera el porqué.

— Si no hay por qué.

— Entonces lo averiguaré en el pueblo.

— No, no. Yo se lo diré a usted.

— Bueno, ¿qué es ello?

— No es ningún pecado...

— No digo que lo sea.

— Es que este santo tiene una virtud.

— ¡Una virtud San Juan!... ¿La de dar novio a las chicas?

— Sí, señor.

— Pero usted es casada.

— Sí, señor

— Y ¿busca usted novio?

— ¡Si no es eso!

— Entonces ¿qué virtudes tiene el santo?

— Pues que da hijos.

Me quedé asombrado.

— ¿Y los da tirándole piedras?

— Sí, señor, pero hay que darle en las narices.

Solté una carcajada que retumbó en los montes.

— No se ría usted.

— Pero ¿quién le ha dicho a usted eso?

— Pues se dice en el pueblo, y yo se lo he preguntado en confesión al señor cura, y me ha dicho que sí.

— Pues ríase usted de todo eso. Por fortuna para usted, he llegado a enterarme. Soy médico, y supuesto que nadie nos escucha, hábleme usted con entera libertad, segura de que voy a proporcionarle el logro de sus deseos.

¡Oh! ciencia, ciencia...

¡Oh, ciencia! ¡Tú eras la más astuta de las Celestinas!

*

Ya de noche, cuando el vientecillo había dejado de soplar, cogí una chinita y se la di a Bibiana diciéndole:

— Anda, dale una pedrada al santo.

— Pero, hombre, ¿a oscuras?

— No importa; tírasela y volvamos al pueblo.

*

— ¿Has estado en la ermita?

— Sí.

— Y yo también.

— ¿Has visto?...

— Sí. El pobre santo tiene las narices rotas.

*

Al año siguiente, cuando yo volví al pueblo, ya había nacido Aniceto. Su padre había pagado la compostura del San Juan, y yo, hablando con el cura de estas cosas, le decía:

— ¿Pero será cierto el milagro?

— Bien claro está.

— De modo que usted cree en esa virtud.

— Diré a usted; el hecho mirado materialmente es dudoso, pero una buena fe puede mucho.

— Es cierto — le interrumpí— , por eso yo nunca abandono la mía.

En torno al texto

— *En nuestra historia, ¿puedes explicar cuál es la fe del cura y cuál la del «yo» que habla? ¿Cuál de las dos es más poderosa?*

Francisco Umbral nació en Madrid (España) en 1935. Novelista, ensayista, autor de libros sobre el Madrid de hoy, de un diccionario del lenguaje «cheli», es además uno de los mejores articulistas de España. En 1976 ganó el Premio Nadal de novela.

UN GUATEQUE

¿Apagamos las luces?
— Pero no todas.
— Entonces no tiene gracia.
— La gracia no está en lo que se ve, sino en lo que se toca.
— A ésta le asusta que la besen a oscuras.
— Las hay muy raras.
— ¿Queréis más cuba-libre?
— Lo que queremos es que cambies de disco.
— ¿Otro de los «Beatles»?
— ¡Quieto, pesado!
— Vale.
— La niña no se deja.
— Pues aquí no hemos venido a hacer las flores.
— Sobre todo, que ya se ha pasado la época.
— Muy bueno, macho.
— Que no encuentro el disco de los «Beatles».
— ¿Me quieres, Petri, me quieres?
— Era uno grande.

Buenos chicos que andaban por los veinte años y organizaban sus primeros guateques. «Tienes que venir para ayudarnos a encamar a las niñas». Les había conocido en el comedor de la Universitaria.

— Que siga la yenka.
— ¿Vale bailar echados en la alfombra?
— Faltan dos parejas.
— Qué afán de contar a la gente.
— Habrán encontrado cama.
— ¿Otra vez las luces?

— Basta con la del pasillo.

— Que así no se baila.

— Fani, vete a por hielo.

— ¿Pero de quién es esta casa?

— Ni se sabe.

— ¿Nos besamos ya?

— Espera que vuelva la luz.

— ¿Tienes algo con la Unión Eléctrica Madrileña?

— Me muero de sed.

— En la cocina hay una cosita que se le da vueltas y sale agua.

— Cómo estás, Petri.

— Que esas cosas no se le dicen a una novia.

— ¿Hablamos de pisos?

Me había tocado la más niña de la reunión. Una chica de cara larga, pero graciosa. Le besé uno de sus pálidos hombros.

— ¿No vas a la piscina?

— Sí. Ya sé que estoy blancucha.

— Blancucha mía...

Javier, Paco, Martín, Pedro, Alfonso. Casi unos niños. Pero eran divertidos. Tenían pequeños automóviles para sus aventuras. El viejo cuarto de estar, burgués y en penumbra, se llenó con la música eléctrica de los «Beatles». Qué lejos Elena, su amor sabio y sosegado.

— ¿Exploramos la casa?

— Martín no quiere.

— ¿Martín es el dueño?

— Lo mejor es no salir de esta habitación.

— ¿Hay camas para todos, Martín?

Hablan mucho de camas y de acostarse, pero van a salir de aquí como entraron. Ellas, nerviosas y despeinadas. Ellos, sofocados, ruidosos e insatisfechos.

En torno al texto

— Esta realidad española de los años sesenta, ¿te resulta muy pasada, chocante? ¿Qué palabras o situaciones te parecen más extrañas/lejanas comparadas con la realidad de hoy?

Albino Gómez nació en Argentina en 1934. Diplomático de carrera, poeta, cuentista y novelista.

LA MUDANZA

Tomaron el 5 para volver.

— ¿Le contaste a Elisa que nos vamos de Cangallo? — preguntó él.

— Sí que le conté — contestó su madre.

— ¿Y qué te dijo?

— Estaba afligida por todo lo que nos pasa; Elisa es una buena amiga y nos quiere mucho.

— ¿Sabe que vamos a vivir con Enriqueta?

— Sí que sabe; se lo dije.

Él empezó a recordar aquel otro viaje que había hecho con su madre en el mismo tranvía, cuando se mudaban de Flores al Centro.

— Ya vas a ver que vivir en el Centro es también lindo.

— No; debe ser muy aburrido. Yo quería mucho a La Mansión y allí me divertía.

— En el Centro te vas a divertir también...

— Pero no voy a tener a mis amigos, ni los patios, ni la escuela...

— Vas a tener nuevos amigos y una nueva escuela.

— Yo no quiero ir a la nueva escuela. No voy a conocer a nadie.

— Cuando fuiste a la de Flores tampoco conocías a nadie.

— Sí que conocía. Estaban los chicos y los muchachos de La Mansión.

— Todos los chicos son iguales en todas las escuelas.

— No; no son iguales... yo no sé por qué nos vamos de Flores que es tan lindo...

— Porque es mejor. Ahora Dominga y papá estarán cerca del trabajo y yo de mis hermanas.

— Pero Nélida y Bruna no están en el Centro.

— Pero Enriqueta, Estela y Beatriz sí. Además hay plazas y muchos cines.

— A mí me gustan más los patios de La Mansión y en Flores también hay cines.

— Yo te voy a llevar a La Mansión todos los domingos para que veas a tus amigos y puedas jugar.

— ¿En serio me vas a llevar todos los domingos?

— Claro que sí.

— ¿Y cómo es la casa nueva?

— Ya la vas a ver.

— ¿Y mis juguetes?

— Los lleva el camión de la mudanza.

— ¿Y Florencia y la abuela, cuándo van?

— Van a ir ahora también, en el auto de Juan.

— ¿Y papá y Dominga?

— Por la tarde.

— ¿Vamos a estar todos juntos?

— Sí, como en Flores.

— ¿Y yo dónde voy a dormir?

— Con nosotros, como en La Mansión.

— ¿No puedo dormir en un lugar solo?

— No hay lugar.

— ¿Y allí hay teléfono?

— Claro que sí.

— ¿Y podemos llamar a todos?

— A todos los que tienen teléfono. Vas a ver qué lindo y qué cómodo que es.

— ¿Y la escuela dónde es?

— Muy cerca; a una cuadra.

— Sí, pero yo no quiero ir.

— ¿Cómo no vas a ir?

— Puedo estudiar en casa con Florencia.

— Florencia no va a tener tiempo porque ahora va a trabajar.

— ¿Va a trabajar?

— Sí; en la misma tienda que Dominga.

— ¿Y Florencia sabe coser?

— No, pero ella va a trabajar en los escritorios.

— ¿Y no va a estudiar más?

— Sí que va a estudiar.

— ¿Y le gusta trabajar?

— No, pero la vida está cara y hay que ganar plata.

— Debe ser difícil ganar mucha plata, ¿no?

— El único modo es trabajar.

— Con la lotería se puede ganar también.

— Las ilusiones se pueden ganar, pero nada más.

Él no sabía muy bien qué cosa eran las ilusiones pero le gustaban.

En torno al texto

— *Continúa el diálogo con el tema de las ilusiones en boca del niño.*

*Rafael Sánchez Ferlosio nació en 1927 en Roma. Autor de
"El Jarama", una de las novelas más importantes de la
década de los 50, y de "Andanzas y aventuras de Alfanhui",
uno de los libros más hermosos de la literatura española
de este siglo.*

UN ACCIDENTE

— **A**hí está la joven — anunció el Secretario.
El Juez pisó el cigarrillo contra el suelo. Paulina
descendía la escalera. Traía en la mano un pañuelo empapado;
sorbía con la nariz. La mirada del Juez reparó en sus pantalones
de hombre, replegados en los tobillos, que le venían deformes
y anchos.

— Usted dirá — dijo Paulina débilmente, llegando a la mesa.
Se restregaba el rebujo del pañuelo por las aletas de la nariz.

— Siéntese, señorita — dijo el Juez— . ¿Qué le ha pasado?
— añadía con blandura, indicando a los pantalones— ; ¿ha
perdido la falda en el río?

Paulina se miraba con desamparo.

— No, señor — contestó levantando la cara— ; vine así.

No tenía color en los labios; sus ojos se habían enrojecido. Dijo
el Juez:

— Dispense; creí que...

Apartaba la vista hacia el fondo de la cueva y apretaba los
puños. Hubo un silencio. El Secretario miró a sus papeles. Paulina
se sentó:

— Usted dirá, señor — repetía con timbre nasal.

El Juez la miró de nuevo.

— Bien, señorita — le decía suavizando la voz— . Veremos
de molestarla lo menos posible. Usted esté tranquila y procure
contestar directamente a mis preguntas, ¿eh? No esté inquieta,

se trata de poco; ya me hago cargo de cómo está. Así que dígame, señorita, ¿cuál es su nombre, por favor?

— Paulina Lemos Gutiérrez.

— ¿Qué edad?

— Veintiún años.

— ¿Trabaja usted?

— La ayudo en casa a mi madre.

— ¿Su domicilio?

— Bernardino Obregón, número cinco, junto a la Ronda Valencia — miró hacia la salida.

— Soltera, ¿no es eso?

Asentía.

— ¿Sabe leer y escribir?

— Sí señor.

— Procesada, ninguna vez, ¿verdad?

— ¿Qué?... No, yo no señor.

El Juez pensó un instante y luego dijo:

— ¿Conocía usted a la víctima?

— Sí que la conocía, sí señor — bajaba los ojos hacia el suelo.

— Diga, ¿tenía algún parentesco con usted?

— Amistad, amistad nada más.

— ¿Sabe decirme el nombre y los apellidos?

— ¿De ella? Sí señor: Lucita Garrido, se llama.

— ¿El segundo apellido, no recuerda?

— Pues... no, no creo haberlo oído. Me acordaría.

El Juez se volvió al Secretario:

— Después no se me olvide de completar estos apellidos. A ver si lo sabe alguno de los otros.

A la chica:

— Lucita, ¿qué nombre es exactamente?

— Pues Lucía. Lucía supongo que será. Sí. Siempre la hemos llamado de esa otra forma. O Luci a secas.

— Bien. ¿Sabe usted su domicilio?

— Aguarde... en el nueve de Caravaca.

— ¿Trabajaba?

— Sí señor. Ahora en el verano sí que trabaja, en la casa Ilsa, despachando en un puesto de helados. Esos que son al corte, ¿no sabe cuál digo? Pues ésos; en Atocha tiene el puesto, frente por frente al Nacional...

— Ya — cortó el Juez— . Años que tenía, ¿no sabe?

— Pues como yo: veintiuno.

— De acuerdo, señorita. Veamos ahora lo ocurrido. Procure usted contármelo por orden, y sin faltar a los detalles. Usted con calma, que yo la ayudo, no se asuste. Vamos, comience.

Paulina se llevaba las manos a la boca.

— Si quiere piénselo antes. No se apure por eso. La esperamos. No se descomponga.

— Pues, señor Juez, es que verá usted, es que teníamos todos mucha tierra pegada por todo el cuerpo... ellos salieron con que si meternos en el agua, para limpiarnos la tierra... Yo no quería, y además se lo dije a ellos, a esas horas tan tarde... pero ellos venga que sí, y que qué tontería, qué nos iba a pasar. Conque ya tanto porfiaron que me convencen y nos metemos los tres...

— hablaba casi llorando.

El Juez la interrumpió:

— Perdone, ¿el tercero quién era?

— Pues ese otro chico, el que le habló usted antes, Sebastián Navarro, que es mi prometido. Conque ellos dos y yo, conque le digo no nos vayamos muy adentro... — se cortaba, llorando—; no nos vayamos muy adentro, y él: no tengas miedo, Paulina... Así que estábamos juntos mi novio y una servidora y en esto: ¿pues dónde está Luci?, la eché de menos... ¿pues no la ves ahí?, estaba todo el agua muy oscuro y la llamo: ¡Lucita!, que se viniese con nosotros, que qué hacía ella sola... y no contesta y nosotros hablándola como si tal cosa, y ella ahogándose ya que estaría... La vuelvo a llamar, cuando, ¡Ay Dios mío que se ahoga Lucita! ¿No la ves que se ahoga?, le grito a él, y se veía una cosa espantosa, señor Juez, que se conoce que ya se la estaba metiendo el agua por la boca que ya no podía llamarnos ni nada y sólo moverse así y así... una cosa espantosa en mitad de las ansias como si fuera un remolino un poco los brazos así y así... nos ponemos los dos a dar voces a dar voces — se volvía a interrumpir atragantada por el llanto— . Conque sentimos ya que se tiran esos otros a sacarla, y yo menos mal Dios mío que la salven, a ver si llegan a tiempo todavía... y también Sebas mi novio y casi no sabe nadar y se va al encuentro... ya sí que no se veía nada de ella se ve que el agua corría más que ninguno y se la llevaba para abajo a lo hondo la presa... y yo ay Dios mío una angustia terrible en aquellos momentos... no daban con ella no daban con ella estaba todo oscuro y no se la veía... — ahora lloraba descompuesta, empujando la cara contra las manos y el rebujo del pañuelo.

El Juez se colocó detrás de ella y le puso la mano en la espalda:
— Tranquilícese, señorita, tranquilícese, vamos...

En torno al texto

— *Representa el monólogo de Paulina cuando cuenta la muerte de Lucita.*

Julio Mauricio nació en Argentina en 1919, de padres españoles. Autor dramático. Esta breve pieza se estrenó en Buenos Aires en el festival de Teatro Abierto, que fue una acción de los hombres de teatro argentinos para exaltar la libertad de expresión en una época de dictadura.

LOS DATOS PERSONALES

Me dijo:
— ¿NOMBRE Y APELLIDO?
— CLARA GARCÍA.
Me dijo:
— ¿EDAD?
Pude decirle...: «a veces una edad de vieja» *(sonríe)*. Porque es así no más. Cuando, por ejemplo, quiero hablar con el Daniel y me dice...: «no, hoy no, que estoy ocupado»; entonces me siento vieja.

Y también cuando salgo a la calle y la gente anda con la cara tiesa.

Y cuando me acuesto y me pongo a pensar...: «Mañana otra vez al taller».

En cambio... ¿Vio, señora, esos días con poca humedad que una se siente como nueva? Bueno, ahí tengo otra edad. Y cuando tomo el colectivo y me voy a «La Salada», por ejemplo, también. Mire, señora, compare eso del viaje a «La Salada» con mi salida medio muerta del taller a las seis. ¿Se puede hablar de una edad que una tiene?

Pero, claro, él se refería a otra cosa y entonces no le dije nada de todo esto. Le dije...:
— TREINTA Y CINCO AÑOS.
Me dijo:
— ¿NACIONALIDAD?

Otro lío. Porque cuando una se pone a pensar en las cosas más sencillas descubre que no son tan sencillas. ¡Usted, señor!, ¿se puso a pensar alguna vez en las cosas sencillas? ¡Hágalo, es bárbaro lo que se puede descubrir! Mire...: mis padres eran gallegos; y los primos de mis padres también. Así que crecí entre gallegos. Y la otra gente hablaba distinto. De chica, mi mejor amiga — ¡ay! ¿por dónde andará ahora?— era Carmela. Y los padres eran italianos. Yo iba a la casa de ella, dos piezas más al fondo que la mía. Y en la pared tenían un retrato de un señor que miraba con los ojos muy abiertos. Después supe que era Benito Mussolini. Bueno, en esa casa se hablaba de otra manera.

Y en el taller tengo dos compañeras de mesa. Una es correntina, se llama Alicia. La otra es jujeña y se llama Josefina. Bueno, una habla y habla y va viendo que no parece que hayamos nacido en el mismo país. Entonces tendría que decir...: «soy hija de gallegos, nacida en la Capital».

Pero le dije lo mismo que dicen la jujeña y la correntina. Les dije...:

— ARGENTINA.

Me dijo:

— ¿CASADA O SOLTERA?

¡Ay! *(pausita)*. Soltera. Pero no cien por ciento *(pausita)*. Tengo una hija de catorce años. Se llama Marta. Está en segundo año del Liceo y va por la tarde. Por la mañana cose corpiños para el taller donde trabajo. Le puse Marta por la mejor amiga que tengo. ¡Ay, miren...! ¡Me parece mentira que yo sea la madre!

(Une las manos y mira hacia arriba conmovida.)

¡Es tan inteligente y tan fina! El padre, por lo que recuerdo, era simpático, pero no creo que fuera muy inteligente. Tal vez por falta de instrucción. A mí, ustedes ya me ven, ¿qué se puede esperar?

Miren, yo pienso a veces en cosas muy tristes. Pienso en cuando quedé embarazada. Claro, cuando mamá lo supo había pasado bastante tiempo. Miren... ¡no me animaba! ¡Ay, cómo se puso! ¡Ay, qué cosa más horrible! ¡Parecía loca! Cuando leo en los diarios que han torturado a alguno, yo pienso si será peor que lo mío cuando mis padres lo supieron. ¿Y todo por qué...? Si uno la ve a Marta, puede preguntarse eso...: «¿por qué tanto lío?». Mi padre, que en paz descanse, después se puso chocho con la nieta. A mi madre la veo cuando charla con Marta y pienso...: y si le digo ahora, «mamá, ¿por qué me hiciste tanto lío?». No ¡claro que no se lo voy a decir! Ella tenía sus ideas en la cabeza. Ahora todavía me aguanto cosas del chusmerío, pero yo la miro a Marta y me digo...: «¿qué me importa?». Marta es lo mejor que hice en mi vida. Una tía mía se murió soltera y sin hijos. ¡Pobre! ¡Si por lo menos hubiera tenido un hijo! Porque después de todo, el marido es secundario si una puede trabajar.

Con la nena no me pude casar. Porque una puede aguantarles a los hombres ciertas cosas porque no son perfectos y al fin de cuentas no tenemos nada mejor. Pero es algo personal. ¿Cómo podía meter en mi casa a un hombre que tiene que ver conmigo, pero no sé si se llevará bien con Marta? Es un asunto muy delicado y yo lo cuido mucho.

Marta me dijo una vez: «mamá, ¿por qué no te casás? ¡Sos tan joven y tan linda!» *(sonríe enternecida)*. Así nos ven los hijos *(transición)*. Ahora estoy saliendo con el Daniel. Porque las mujeres también tenemos sentidos. Vamos a ver qué pasa.

Pero al fin de cuentas soy soltera, así que le dije...:

— SOLTERA.

Me dijo:

— ¿DE QUÉ SE OCUPA?

Me levanto a las seis y media de la mañana. Pongo la leche al fuego y me meto en el baño. Mi madre me oye y se levanta y llega a la cocina antes de que se escape la leche. Después tomo el colectivo 42 en Chacarita y me voy a Pompeya, al taller. Con las dos chicas que les dije, revisamos el trabajo de las costureras de afuera como Marta. Dale y dale mirar corpiños *(ríe)*. Cuando salgo veo un corpiño flotando en el aire *(transición)*. De las doce a las dos de la tarde...: tomo el colectivo para casa, como, lavo las cosas en la pileta del patio — porque si la dejo a mamá le ataca el reuma— , vuelvo al colectivo y de dos a seis sigo mirando corpiños. A las seis y diez otra vez el colectivo. Hago mi higiene personal y la de la casa. Comemos. Escuchamos algunos noticieros para saber cómo marcha el mundo, y nos vamos a dormir.

Me ocupo de todo eso. Pero claro, la pregunta era para saber si una es abogada, o artista, o profesora, o portera, o empleada; y como yo no soy nada de eso, le dije...:

— OBRERA.

Me dijo:

— ¿DÓNDE VIVE?

En uno de esos departamentos antiguos, de corredor. Tiene tres piezas y una piecita con escalera. Yo alquilo una pieza y la piecita.

Antes mi mamá dormía en la piecita, pero ahora con las varices no puede subir. Entonces pasó Marta arriba, que por otra parte le viene bien para estudiar. Claro que mamá se hace mala sangre porque se levanta mucho de noche — ¡es increíble el líquido que suelta! — y piensa que no me deja dormir; pero una se acostumbra.

El problema es con la gente que nos alquila. Quieren que desocupemos y nos hacen la guerra. Sobre todo lo siente mamá que se mete en la pieza cuando está sola para no oír cosas desagradables. A mí me respetan más porque tengo mi carácter, pero andamos como perro y gato. Y uno comprende, ¡pobre gente!, necesitan el departamento. Pero, ¿qué se puede hacer?, ¿dónde me meto? Si alguien de ustedes sabe de un departamento no importa que sea viejo y no esté pintado; si me hace el favor, deja dicho aquí o a don Pascual del almacén, yo se lo voy a agradecer mucho. La verdulera me habló de una señora sola y enferma que quiere alquilar una parte para tener compañía. Vamos a ver si tengo suerte. Pero, como ustedes comprenderán, no era esto lo que me preguntaban, así que dije...:

— OLLEROS 3710.

Me dijo:

— FIRME AQUÍ.

Me puse los anteojos de ver de cerca y firmé.

(*Mira a la platea con complicidad, sonríe, se encoge de hombros.*)

En torno al texto

— *Fijaos en cómo las breves preguntas del burócrata, y la exigencia de respuestas igual de breves de los formularios, reducen la vida de la protagonista a casi la nada.*

— *Representad la pieza con dos o tres personajes. Si lo hacéis con tres, uno irá haciendo las reflexiones de Clara antes de cada respuesta.*

Enrique Buenaventura nació en Cali (Colombia) en 1927. Director del Teatro Experimental de Cali. Es uno de los grandes dramaturgos latinoamericanos, director de escena, teórico teatral.

LA MAESTRA

En primer plano una mujer joven, *sentada en un banco. Detrás de ella o a un lado van a ocurrir algunas escenas. No debe haber ninguna relación directa entre ella y los personajes de las escenas, ella no los ve y ellos no la ven a ella.*

LA MAESTRA: Estoy muerta. Nací aquí en este pueblo. En la casita de barro rojo con techo de paja que está al borde del camino, frente a la escuela. El camino es un río lento de barro rojo en el invierno y un remolino de polvo rojo en el verano. Cuando vienen las lluvias uno pierde las alpargatas en el barro y los caballos y las mulas se embarran las barrigas, las enjalmas y hasta las caras y los sombreros de los jinetes son salpicados por el barro. Cuando llegan los meses de sol el polvo rojo cubre todo el pueblo. Las alpargatas suben llenas de polvo rojo y los pies y las piernas y las patas de los caballos y las narices resollantes de las mulas y los caballos y las crines y las enjalmas y las caras sudorosas y los sombreros, todo se impregna de polvo rojo. Nací de ese barro y de ese polvo rojo y ahora he vuelto a ellos. Aquí, en el pequeño cementerio que vigila el pueblo desde lo alto, sembrado de hortensias, geranios, lirios y espeso pasto. Es un sitio tranquilo y perfumado. El olor acre del barro rojo se mezcla con el aroma dulce del pasto yaraguá y hasta llega, de tarde, el olor del monte, un olor fuerte que se despeña pueblo abajo. *(Pausa.)* Me trajeron al anochecer. *(Cortejo, al fondo, con un ataúd.)* Venía Juana Pasambú, mi tía.
JUANA PASAMBÚ: ¿Por qué no quisiste comer?

LA MAESTRA: Yo no quise comer. ¿Para qué comer? Ya no tenía sentido comer. Se come para vivir y yo no quería vivir. Ya no tenía sentido vivir. *(Pausa.)* Venía Pedro Pasambú, mi tío.

PEDRO PASAMBÚ: Te gustaban los bananos y las mazorcas asadas y untadas de sal y manteca.

LA MAESTRA: Me gustaban los bananos, manzanos y las mazorcas y sin embargo no los quise comer. Apreté los dientes. *(Pausa)* Estaba Tobías el Tuerto, que hace años fue corregidor.

TOBÍAS EL TUERTO: Te traje agua de la vertiente, de la que tomabas cuando eras niña en un vaso hecho con hoja de rascadera y no quisiste beber.

LA MAESTRA: No quise beber. Apreté los labios. Fue maldad. Dios me perdone, llegué a pensar que la vertiente debía secarse. ¿Para qué seguía brotando agua de la vertiente? Me preguntaba. ¿Para qué? *(Pausa.)* Estaba la vieja Asunción. La partera que me trajo al mundo.

VIEJA ASUNCIÓN: ¡Ay, mujer! ¡Ay, niña! Yo, que la traje a este mundo. ¡Ay, niña! ¿Por qué no recibió nada de mis manos? ¿Por qué escupió el caldo que le di? ¿Por qué mis manos que curaron a tantos no pudieron curar sus carnes heridas? Y mientras estuvieron aquí los asesinos...

(Los acompañantes del cortejo miran alrededor con temor. La vieja sigue su llanto mudo mientras habla la maestra.)

LA MAESTRA: Tienen miedo. Desde hace un tiempo el miedo llegó a este pueblo y se quedó suspendido sobre él como un inmenso nubarrón de tormenta. El aire huele a miedo, las voces se disuelven en la saliva amarga del miedo y las gentes se las tragan. Ayer se desgarró el nubarrón y el rayo cayó sobre nosotros. *(El cortejo desaparece, se oye un violento redoble de tambor en la oscuridad. Al volver la luz allí donde estaba el cortejo está un campesino viejo arrodillado y con las manos atadas a la espalda. Frente a él un sargento de policía.)*

SARGENTO: *(Mirando una lista.)* Vos respondés al nombre de Peregrino Pasambú *(El viejo asiente.)* Entonces vos sos el jefe político aquí *(El viejo niega.)*

LA MAESTRA: Mi padre había sido dos veces corregidor, nombrado por el gobierno. Pero entendía tan poco de política, que no se había dado cuenta de que el gobierno había cambiado.

SARGENTO: Con la política conseguiste esta tierra ¿no es cierto?

LA MAESTRA: No era cierto. Mi padre fue fundador del pueblo. Y como fundador le correspondió su casa a la orilla del camino y su finca. Él le puso nombre al pueblo. Lo llamó «La Esperanza».

SARGENTO: ¿No hablás, no decís nada?

LA MAESTRA: Mi padre hablaba muy poco.

SARGENTO: Mal repartida está esta tierra. Se va a repartir de nuevo. Va a tener dueños legítimos, con títulos y todo.

LA MAESTRA: Cuando mi padre llegó aquí, todo era selva.

SARGENTO: Y también las posiciones están mal repartidas. Tu hija es la maestra de la escuela, ¿no?

LA MAESTRA: No era ninguna posición. Raras veces me pagaron el sueldo. Pero me gustaba ser maestra. Mi madre fue la primera maestra que tuvo el pueblo. Ella me enseñó y cuando ella murió yo pasé a ser la maestra.

SARGENTO: Quién sabe lo que enseñaba esa maestra.

LA MAESTRA: Enseñaba a leer y a escribir y enseñaba el catecismo y el amor a la patria y a la bandera. Cuando me negué a comer y a beber, pensé en los niños. Eran pocos, es cierto, pero, ¿quién les iba a enseñar? También pensé: ¿Para qué han de aprender a leer y escribir? Ya no tiene sentido leer y escribir. ¿Para qué han de aprender el catecismo? ¿Para qué han de aprender el amor a la patria y a la bandera? Ya no tiene sentido la patria ni la bandera. Ya no tiene sentido. Fue mal pensado, tal vez, pero eso fue lo que pensé.

SARGENTO: ¿Por qué no hablás? No es cosa mía. Yo no tengo nada que ver. No tengo la culpa. *(Grita.)* ¿Ves esta lista? Aquí están todos los caciques y gamonales del gobierno anterior. Hay orden de eliminarlos a todos para organizar las elecciones. *(Desaparece el sargento y el viejo.)*

LA MAESTRA: Y así fue. Lo pusieron contra la tapia de barro, detrás de la casa. El Sargento dio la orden y los soldados dispararon. Luego el Sargento y los soldados entraron en mi pieza y, uno tras otro, me violaron. Después me fui muriendo poco a poco. Poco a poco. *(Pausa.)* Ya pronto lloverá y el polvo rojo se volverá barro. El camino será un río lento de barro rojo y volverán a subir las alpargatas y los pies cubiertos de barro y los caballos y las mulas con las barrigas llenas de barro y hasta las caras y los sombreros irán, camino arriba, salpicados de barro.

En torno al texto

— Tal vez hayáis oído hablar de ''la violencia'', que marcó la historia política de Colombia a partir del final de los años 40. La pieza os da un ejemplo de cómo podía funcionar en el campo, en pueblos pequeños.

— Haced una prueba de teatro leído.

Carmen Resino nació en Madrid (España) en 1941. Licenciada en Historia. Ha escrito poesía y novela, pero es más conocida como dramaturga. Ha escrito más de veinte piezas teatrales.

LA ACTRIZ

El decorado representará un saloncito muy de Hollywood años 50, lo que no quiere decir que nos encontremos en esa década, sino que el ambiente evocará ese momento fastuoso.

En imagen, la ACTRIZ, indolentemente recostada en un aparatoso sofá. Es joven, gasta melena a lo Lauren Bacall y redondeces a lo Marilyn Monroe. Viste bata lamé sofisticada y sexy y fuma en una larga boquilla. Entre aspiración y humo come ávidamente, aunque con gesto de asco, bombones de una caja que más parece de música.

Seguidamente, entrará en imagen el MANAGER, un tipo con aire entre policía duro a lo Bogart y de mafioso de segunda fila.

Música genuinamente americana, como el Winston.

MANAGER: Si sigues comiendo de esa manera tan exagerada no te darán el papel.

ACTRIZ: *(Con gesto de aburrimiento, como si estuviera harta de oír todo el día lo mismo.)* ¿Por qué?

MANAGER: Terminarás perdiendo esa línea que Dios y los masajistas te han dado.

ACTRIZ: No me preocupa: estoy harta de estar hecha un fideo.

MANAGER: *(Con demasiado énfasis.)* ...Pero un fideo que es toda una obra de arte.

ACTRIZ: *(Cambia de postura. Con suficiencia.)* Los hombres las prefieren más llenas.

MANAGER: Pero los productores no.

ACTRIZ: *(Se levanta airada.)* ¡Al diablo con ellos!

MANAGER: No decías eso hace unos años.

ACTRIZ: También, pero en silencio.

MANAGER: Eres una ingrata: he hecho de ti una estrella y ahora, como represalia, te hinchas a bombones.

ACTRIZ: *(Con la boca llena.)* Todos los que no he podido comerme en estos años. Además, no quiero ser estrella.

MANAGER: Lo eres, mal que te pese. *(Cogiendo un libreto y arrojándoselo.)* Seguro que ni siquiera leíste el guión.

ACTRIZ: *(Con gesto aburrido y sin mirarlo.)* ¿Para qué?

MANAGER: ¿Cómo que para qué?

ACTRIZ: Sé de sobra lo que dice: de un tiempo a esta parte, no me dan otro tipo de guiones.

MANAGER: No puedes quejarte: son lucidísimos y te exigen el mínimo esfuerzo. *(Coge el libreto, lo pone ante los ojos de ella y empieza a pasar alborotadamente las páginas. Luego, lo cierra y lo deposita con gesto triunfal en cualquier sitio.)* En éste, por ejemplo, no saldrás de la habitación.

ACTRIZ: ¡Lástima! Me divierte cambiarme de ropa.

MANAGER: *(Señalando el guión.)* Aquí no necesitas ninguna ropa: con la de cama tendrás suficiente. *(Cogiendo nuevamente el libreto y metiéndoselo por los ojos.)* ¡Y de los compañeros no te quejarás! ¡Qué *partenaires*! ¡Mira, mira! ¡Lo mejor del séptimo arte! *(Ella ni siquiera posa la vista y si lo hace es con gesto de casi repugnancia.)* Qué músculo, ¿eh? Y el plante...

ACTRIZ: Cualquiera diría que me envidias...

MANAGER: ¡A ellos! Que de ser yo así, no estaría aquí aguantándote.

(Suelta el libreto. Pasea nervioso por la habitación. Ella vuelve a sentarse, a fumar y a comer bombones.)

Pero bueno, ¿es posible que no estés contenta? ¡Es tu lanzamiento, tu verdadera oportunidad! Y encima con esos tipos, el trabajo se te hará mucho más fácil...

ACTRIZ: Estoy harta de chicos estupendos. *(Nostálgica.)* A mí sólo me gusta ese estudiante de Kansas...

MANAGER: ¿Qué tonterías estás diciendo? ¡No tienes ni para empezar!

ACTRIZ: Mejor: con los otros se termina enseguida.

MANAGER: *(Se sienta al lado de ella. Ligeramente insinuante.)* Entonces, si te gustan los hombres, digamos... más modestitos, no sé a qué estamos esperando...

(Hace intención de abrazarla. Ella escurre el bulto.)

ACTRIZ: Nunca me gustó mezclar el amor con los negocios.

MANAGER: ¡Grave error! Es la única forma de conseguir la fórmula perfecta. Suelen ganarse dos pájaros de un tiro.

ACTRIZ: ... O con un tiro, cargarse dos pájaros. *(Se levanta.)* No, gracias.

MANAGER: *(Suplicante)* No soy de piedra, compréndelo...

ACTRIZ: ¡Lástima! Serías mucho más decorativo. Bien, ¿y qué demonios dice el guión aparte de que no salga del cuarto?

MANAGER: Lo de siempre con pequeñas variantes: eres una mujer bella, rica y hastiada a la que aspiran tres hombres.

ACTRIZ: ¿Nada más?

MANAGER: Tú, después de probar a los tres, te quedarás tan bella, tan rica y un poco más hastiada que antes.

ACTRIZ: ¿Y cómo se titulará esa porquería?

MANAGER: *(Con gravedad.)* Mary y el sexo.

ACTRIZ: No es muy original.

MANAGER: ¿Qué quieres? El guión no da más de sí.

ACTRIZ: *(Yendo furiosa de un lado para otro.)* ¡Estoy harta de guiones y de títulos insulsos! ¡Quiero ser actriz! ¿Te enteras? ¡Actriz o nada!

MANAGER: ¡No pides tú poco!

ACTRIZ: ¡Tengo madera! ¡Sé que tengo madera!

MANAGER: *(Se levanta y va hacia ella. Con dureza.)* A los productores eso les importa poco. Es más fácil fijarse en tus piernas y en todo lo demás que en tu madera... Ya tendrás tiempo de eso, nena, cuando hayas cumplido veinte años más.

ACTRIZ: A lo mejor es entonces cuando me apetece ser estrella...

MANAGER: *(Con fastidio.)* Sí, hija, sí... Tú y tu oportunidad...

ACTRIZ: No veo por qué no. Todavía estaré bella y llena de encantos.

MANAGER: *(Con severidad.)* Bueno, ya basta: tienes que aprenderte este guión.

ACTRIZ: Ya te he dicho que no me interesa.

MANAGER: *(Más suave.)* Pero, ¡*darling!*, si está firmado el contrato...

ACTRIZ: ¡Me da igual! He tomado una decisión.

MANAGER: *(Sujetándola.)* No seas estúpida: sabes que no puedes tomar ninguna.

ACTRIZ: ¿Cómo que no? ¡Tengo ya el suficiente dinero como para comprarme una granja en Italia! *(Se separa de él. Cae sobre el sofá con aire ilusionado.)* ¡Una granja! Mi único sueño... ¡Sol, agua, animalitos por todas partes...! *(Retadora.)* Allí me casaré, ¿te enteras? Con ese del que dices que no tengo ni para empezar, y seremos felices como en los cuentos. Y tendremos un montón de niños colorados y robustos...

MANAGER: *(Intentando ser conciliador.)* Estás diciendo estupideces, nena... No puedes traicionar tu propia imagen: ¡tú casada, llena de niños, olvidando tu carrera, el logro de ti misma, tus aspiraciones...!

ACTRIZ: ¡No tengo otras aspiraciones!

MANAGER: *(Acusador.)* ¡Tú, un miembro activo del *women-lib*!

ACTRIZ: *(En el mismo tono.)* ¡Fuiste tú quien me metió en ese lío!

MANAGER: Era muy buena propaganda y ahora no puedes·dar el campanazo: no has hecho más que repetir que te fascina la independencia, la aventura, el séptimo arte...

ACTRIZ: *(Testaruda.)* ¡Quiero mi granja, mis niños y mi marido!

MANAGER: ¡No puedes traicionar a esos cientos de miles de mujeres que al calor de tus palabras han dejado sus granjas, sus niños y sus maridos! es de conciencia, *darling*, no lo puedes hacer. Te recuerdo que eres un miembro activo...

ACTRIZ: *(Cortándole con evidente fastidio.)* Sí, ya lo sé.

MANAGER: Todo un símbolo, amor. Un bello *sex-symbol*. ¡La nueva mujer!

ACTRIZ: Tonterías. No tengo nada de nueva.

MANAGER: Vamos, vamos, seamos razonables...

ACTRIZ: Estoy harta de serlo y de aburrirme como una pantera... *(Se echa de golpe sobre el sofá. Bosteza.)*

MANAGER: Peor sería aburrirte como un gato. La pantera es un animal digno y bello.

ACTRIZ: Pero animal al fin y al cabo. *(Breve silencio. Enciende otro cigarrillo.)* Me habéis engañado: tú y todos, Tony.

MANAGER: ¿Yo? *(Se dirige a ella con aire falsamente compungido.)* Si es así, perdona: sólo quise lo mejor para ti.

ACTRIZ: ...Y para ti también.

MANAGER: *(Sirviendo una copa y ofreciéndosela.)* Vamos, una copita.

ACTRIZ: *(Aceptándola, con aire resignado.)* Como quieras: estoy tan triste...

MANAGER: *(Se sienta a su lado, consolándola.)* Eso es la tensión: mañana en los estudios te pondrán unas inyecciones... verás el mundo de otra manera... *(Cogiendo el guión y metiéndoselo nuevamente por los ojos.)* El papel es magnífico... ¿Quieres que te lea el principio? Así sólo tendrías que leerte lo de en medio, porque finaliza lo mismo que empieza y lo otro es un compendio entre el principio y el final. En unas horas, es tuyo. Además, casi todo lo hablan los galanes...

ACTRIZ: ¿Quieres decirme entonces qué pinto yo?

MANAGER: Estar, hija mía, estar. ¿Te parece poco?

ACTRIZ: *(Rompiendo a llorar cómicamente.)* ¡Mi sueño es interpretar Hamlet y Santa Teresa de Jesús!

MANAGER: *(Se pone de pie casi de un salto.)* ¿Qué disparates estás diciendo? No tienes cabeza, *darling...* ¡Una mujer como tú, con esa cara y ese cuerpo, interpretando Hamlet, como si no hubiera hombres para eso!

ACTRIZ: Me cortaría el pelo.

MANAGER: Pero hay otras cosas que no se pueden cortar, mi amor.

ACTRIZ: *(Poniéndose en pie con entusiasmo.)* Lo importante es la idea.

MANAGER: Te equivocas: estás tan clasificada que mancillarías para siempre al pobre Hamlet y a Shakespeare de paso.

ACTRIZ: *(Con rabieta.)* ¡Me desclasificas y en paz! Sé lo que puedo hacer, ¿me oyes? Vine aquí sólo por interpretar Hamlet y Santa Teresa. Me apasiona la figura de Santa Teresa.

MANAGER: Con toca perderías mucho. Y tu vida privada no es la más acorde como para interpretar a una santa.

ACTRIZ: ¿Qué tienes que decir de mi vida privada? ¡Si sólo me aburro y como bombones! ¡Pareces un león guardando mi puerta...!

MANAGER: Todas las estrellas tienen su leyenda: es algo así como su luz propia. Y yo he trabajado muy ardorosamente la tuya como para que la hundas ahora por un papel de más o de menos. *(Se hace un silencio. El* MANAGER *parece sinceramente ofendido. Ella empieza a bajar un poco la guardia.)*

ACTRIZ: *(Bebiendo con gesto nostálgico.)* Me gustaría ver al chico de Kansas...

MANAGER: Convéncete: no tiene categoría para ti.

ACTRIZ: O yo para él. Era un gran chico. *(El* MANAGER *se acerca a la* ACTRIZ *con aire conciliador. Le sirve otra copa.)*

MANAGER: Vamos, bebe. *(Insinuante.)* ¿De veras, de veras que no lo puedo sustituir?

ACTRIZ: *(Bebiendo distraída.)* ¿A quién?

MANAGER: Al muchacho ése.

ACTRIZ: *(Que ha cogido un momento el guión y lo ha arrojado lejos de sí.)* Déjame. Me pone negra ese guión. Todos esos sucios guiones.

MANAGER: Serán sucios, pero te hacen vivir de maravilla... *(Persuasivo.)* Comprende, nena: no puedes hacer nada. Todo está puesto en marcha.

ACTRIZ: ¿Es que no cuenta nada mi opinión? ¿Es que yo no soy nada?

MANAGER: Exactamente. Tú sólo eres la falsa imagen de ti. Y hay que resignarse. Por otra parte, con tantos millones, no es mala resignación.

ACTRIZ: *(Con vocecita.)* Entonces, ¿no podré hacer nunca el Hamlet ni encarnar a Santa Teresa?

MANAGER: Cuando pasen unos añitos, amor, cuando pasen unos añitos. *(Cogiéndole la cara.)* Pero por eso no te apenes, que el tiempo pasa rápido. *(Acercándose más.)* Di, ¿puedo sustituir a ese chico de Kansas ya que soy también modestito?

ACTRIZ: Como mi opinión no cuenta...

MANAGER: Empiezas a ser razonable, querida, muy razonable... *(La besa tan a lo Hollywood, que hasta resulta cómico.)*

ACTRIZ: ¿Me dejarás tener una granja?

MANAGER: Pero sin pollos y sin nenes.

ACTRIZ: ¿Y con sol?

MANAGER: El sol sale para todos, *darling*.

ACTRIZ: *(Resignadamente.)* ¿Leemos el guión?

MANAGER: Hay cosas que pueden esperar. *(Sirve un par de copas. Le ofrece una.)* ¡A tu salud!

ACTRIZ: *(Sin ilusión.)* ¡A tu salud! *(Los dos beben.)* ¿Sabes? Me gustaría tener cuarenta años...

MANAGER: A mí, en cambio, los tuyos: era un muchacho majísimo entonces y apenas picardeado. Pero no te preocupes:los tendrás y te parecerá una tontería eso que has dicho. ¡En fin, si tanto te empeñas!

(El MANAGER *se sienta. Tomará un aspecto de profesional duro y crítico.)*

Vamos, ponte delante de mí, que yo te vea.

(Ella le mira extrañada. No se mueve.) ¡Que te pongas ahí, te he dicho! *(La* ACTRIZ *se colocará ante el* MANAGER *con aire desorientado.)* Muévete... anda... *(Ella lo hace contoneándose.)* ¡No, no! ¡Así no! ¡Sin contonearte!

ACTRIZ: No sé de otra forma.

MANAGER: *(Alargándola un cigarrillo.)* Toma, cógelo lo más masculinamente posible... piensa que eres un hombre del oeste y que vas a sacar de un momento a otro la pistola...

(Ella va haciendo todo, pero como una chica de saloon *la mar de sexy. Él deniega con la cabeza).*

Inténtalo: pon una actitud más recia... menos, ¡ya me entiendes! Vamos, da la vuelta... *(Ella la da toda coqueta, sacando el busto y sonriendo.)* ¡No, no! Natural. Muy natural.

ACTRIZ: No sé de otra forma. ¿Acaso no está bien?

MANAGER: *(Levantándose y encogiéndose de hombros.)* Por mi parte, me queda la conciencia bien tranquila, nena.

ACTRIZ: ¿De veras no te pareció bien?

MANAGER: Cualquiera diría que has mamado de la productora; ni que te lo hubieran grabado en el cerebro. ¡Bien te han aleccionado, bien! ¡Conque Santa Teresa...!

ACTRIZ: Si quieres, empezamos de nuevo.

MANAGER: No, no. Si está muy bien...

ACTRIZ: ¿Qué quieres que haga? ¡Desde que llegué aquí me hicieron moverme, coger los cigarrillos y hablar de una manera determinada. Tú mismo te empeñaste. *(Imitándole, casi a punto de lloriquear.)* «A ver, enséñeme las piernas, camine, muévase... con sexy, señorita, tiene que ser con mucho sexy...» ¡Si precisamente yo daba unas zancadas! *(Llora. Cae sobre el sofá. Él se sienta a su lado.)*

MANAGER: Vamos, nena, no te disgustes... en este mundo todo es un toma y daca: nadie consigue ser rico sin poner algo de su parte...

ACTRIZ: Son los demás los que ponen todo de su parte que yo, más fría que una estatua.

MANAGER: Pero cobras.

ACTRIZ: ¿Para qué quiero cobrar si me aburro muchísimo?

MANAGER: Vamos, vamos, *darling*, no dramatices... *(Le limpia las lágrimas. Le da un besito. Ella pone un gesto mimoso y resignado.)*

ACTRIZ: ¿Quieres que leamos el guión? Como ya veo que hoy por hoy no puedo otra cosa...

MANAGER: Eres un encanto, pero hay cosas que pueden esperar. *(Coge el guión y lo lanza lejos. Se acerca más a ella.)* Te preguntaba antes si no puedo sustituir a tu chico de Kansas... también fui estudiante y tuve veinte años... también tengo un lunar en la mejilla y aspiraciones silenciosas en el bolsillo. ¿No te parezco mal?

ACTRIZ: *(Mirándole por encima.)* Y aunque así fuera, ¡qué le vamos a hacer! Como hoy por hoy...

MANAGER: Me encanta que te muestres tan razonable... *(Abrazándola como en cinemascope.)* Harás carrera, *darling*, harás carrera...

(Beso y música genuinamente americana. El «The End» se enmarcará como una rúbrica.)

En torno al texto

— *¿Creeis que la "estrella" quiere de verdad ser estrella?*
— *Representad la pieza o, si es larga para memorizar, haced una lectura escenificada.*

Francisco J. Uriz nació en Zaragoza (Aragón, España), en 1932. Traductor, poeta y autor de obras de teatro.

CUESTIÓN DE DERECHOS

Entonces los cuentos no tenían origen ni dueño. Aún no había nacido el copyright, el autor cobrando sus derechos.

León Felipe

I

Despacho de editorial. Pilar, editora, y la señora Generosa de las Mercedes, hermana del autor.

PILAR: Pase, pase.

Dª GENEROSA: ¡Qué despacho tan elegante! Y qué alfombra tan preciosa. Persa, claro. Ya valdrá, ¿eh?

PILAR: Es un regalo.

Dª GENEROSA: ¡Oh! Como ya le dije no me mueven consideraciones económicas. Mi único interés es la defensa de la obra de mi hermano.

PILAR: Claro, claro. La entiendo perfectamente.

Dª GENEROSA: La obra de mi hermano tiene para mí un gran valor sentimental *(se enjuga una lágrima)*. Incalculable. Cien mil pesetas.

PILAR: Incalculable... y exactamente calculado.

Dª GENEROSA: Ustedes se van a forrar con el texto de mi hermano.

PILAR: Quizá ganemos dinero, sí, pero de eso a forrarnos...

Dª GENEROSA: Pues alguien se va a forrar con la obra de mi hermano...

PILAR: Le advierto que en todo el libro hay dos páginas de su hermano.

Dª GENEROSA: ...el antólogo, por ejemplo... que dígame ¿qué ha hecho? Abrir unos libros, señalar unas páginas y ¡hala! otro libro y a cobrar.

PILAR: Hombre, no es eso. Nosotros no hacemos los libros así.

D.ª GENEROSA: En fin, ya sabe mi última palabra. A mí lo que me interesa es la defensa de la obra de mi hermano. Cien mil. Ni una peseta menos.

PILAR: Cien mil pesetas por dos páginas es mucho dinero.

D.ª GENEROSA: Pues, es lo que me pagó Televisión española por una cosa que iban a hacer en "La 2".

PILAR: Pero, señora, no es lo mismo dos páginas para un libro de enseñanza del castellano que un programa de televisión.

D.ª GENEROSA: ¿Por qué no va a ser lo mismo? Los dos utilizan la obra de mi hermano. Bueno, es hora de marcharme. Ya me informará. Ha sido un placer.

PILAR: El gusto ha sido mío.

II

Federica, directora, Pilar, editora, y Paco, antólogo que se va a forrar.

PILAR: Cien mil pesetas por dos páginas. ¡Última palabra!

FEDERICA: Tú, Paco, ¿qué opinas?

PACO: Yo no pagaría. Lo quitamos.

PILAR: ¿Quitarlo? ¡Pero si es magnífico!

PACO: No hay textos magníficos a 50.000 pesetas la página. Al menos para este tipo de libros.

FEDERICA: ¿A pesar de que el texto te parece bueno para la enseñanza?

PACO: A ese precio, ya no.

FEDERICA: ¿Y no habéis podido explicarle a la hermana lo que son estos libros?

PILAR: Pues, no. Lo mejor es hablar con profesionales. ¿Os acordáis de la historia de la agencia literaria de Barcelona? De entrada, te puede dar un infarto, pero cuando te sientas y le explicas la situación la entiende perfectamente y te arregla todo sin problemas.

PACO: Tienes razón. A mí me ponen nervioso los autores que te dicen «como ustedes no regalan el libro pues yo no les puedo regalar el texto». Hasta ahí, de acuerdo. Pero luego dejan caer «claro que como soy muy generoso les voy a cobrar una suma simbólica». Y de eso nada, porque resulta que cobran lo mismo que los autores de la agencia literaria.

FEDERICA: Deberíamos escribir nuestros propios textos. Así no habría problemas de derechos.

PILAR: ¡Pero los textos originales son mucho mejores!

PACO: Para nosotros, sí. Pero ¿y si a los lectores no les parecen mejores?

PILAR: Además se difunde literatura, nombres de autores y cultura...

FEDERICA: Pues ya ves, nos lo ponen difícil...

En torno al texto

— *Los personajes de estas escenas son reales y las incluímos para explicar a los lectores las dificultades de producción de este tipo de libritos y los motivos de insospechadas ausencias.*

A los usuarios les pedimos que nos escriban dándonos su opinión sobre los libros. Una evaluación positiva nos animaría a seguir luchando contra hermanas, molinos de viento, rebaños de ..., etc. y seguiríamos cumpliendo religiosamente este viacrucis económico-moral que es conseguir tantos derechos de autor para poder ofrecerles este producto. La indiferencia impulsaría a la editorial a publicar sólo textos escritos especialmente para alumnos extranjeros, lo que también tiene sus ventajas.

*Aprovechamos la oportunidad para agradecerles a **todos** los autores su contribución a esta serie.*

En primer lugar a los que nos han cedido gratuitamente los derechos,

a los que lo han hecho con real generosidad, o tras unas negociaciones con agencias razonables

y, finalmente, a los que nos los han cedido a través de parientes abusivos o representantes voraces.